U0008576

▲對學生演講。

▲上鮑比．波尼斯（Bobby Bones）
所主持的全美聯播廣播節目。

▲和家人一起度假。

▲在「TED 女力講堂 · 奧斯汀場」演講。

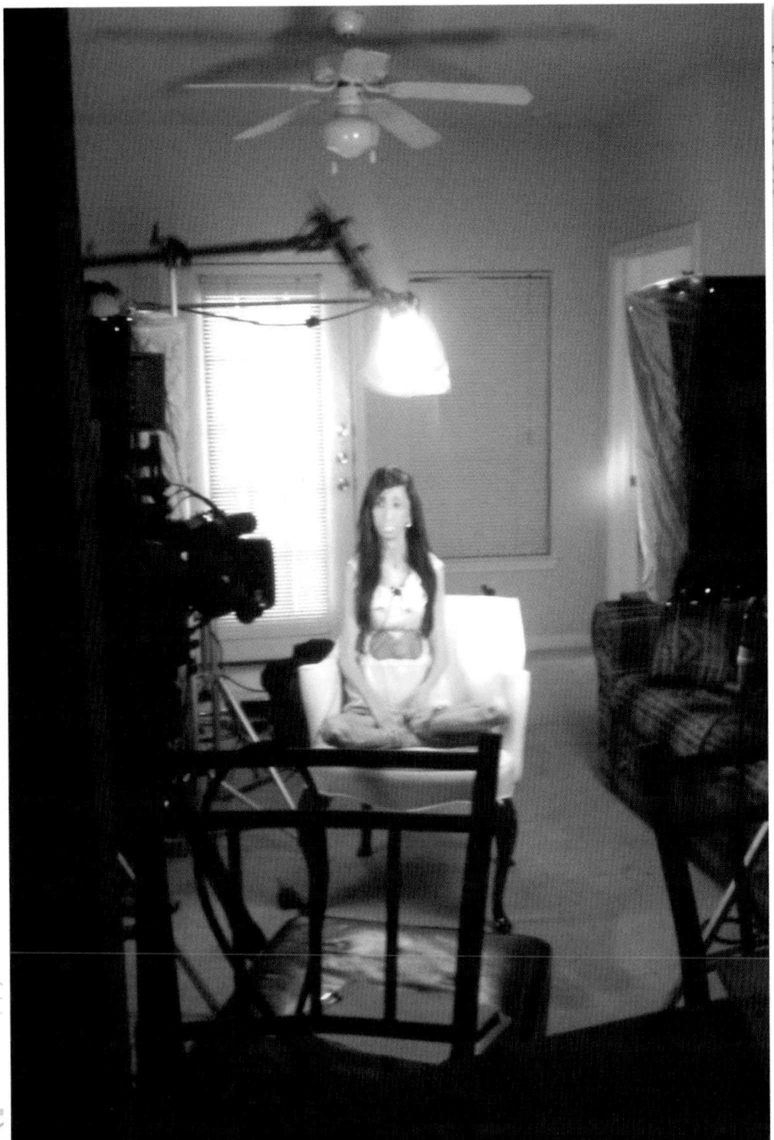

▲拍攝電視紀錄片。

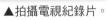

▲與粉絲出遊。

上芭芭拉 · 華特絲（Barbara ▶
Walters）所主持的《觀點》
（*The View*）節目。

▲與《觀點》節目來賓女星琥碧 · 戈柏（Whoopi
Goldberg）合影。

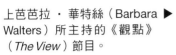

與《觀點》節目來賓女 ▶
星雪莉 ・ 榭佛（Sherri
Shepherd）合影。

◀與《觀點》節目來賓女
星珍妮 ·麥卡錫（Jenny
McCarthy）合影。

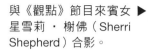

▲與《誰是接班人》節目知名創業家比爾 ‧ 藍奇克（Bill Rancic）合影。

▼在拉斯維加斯「保羅米契爾美容學校」（Paul Mitchell School）演講結束後，與老牌歌星瑪莉 · 奧斯蒙（Marie Osmond）合影。

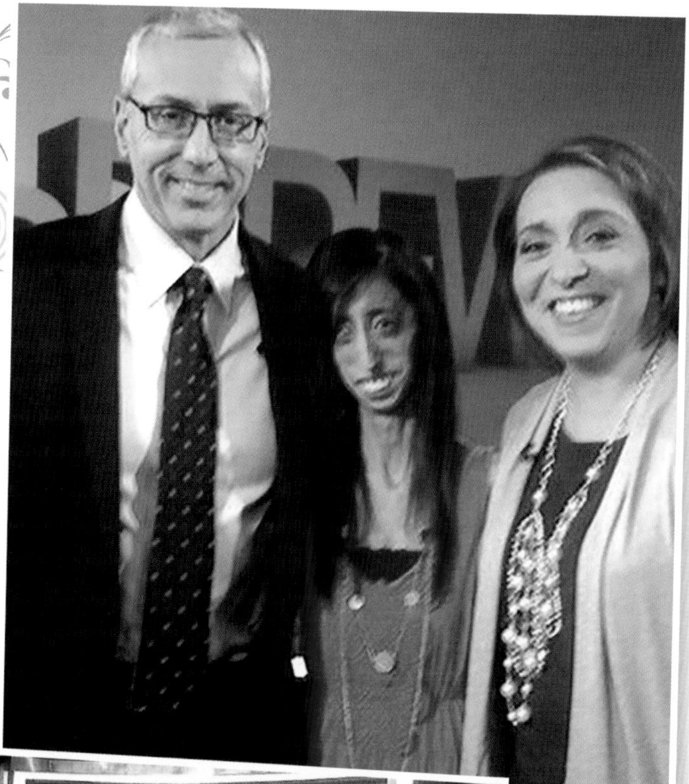

▲與母親同上德魯醫生（Dr. Drew）的談話性節目。

▲▶接受採訪。

▲上娛樂新聞節目《*E! News*》。

▲我的弟弟克里斯（Chris）和妹妹瑪莉娜（Marina）。

HOLLYWOOD
PRODUCTION
DIRECTOR
CAMERA
DATE
SCENE
TAKE
THE LIZZIE PROJECT
5/2
1
1

▲電視紀錄片的拍攝現場。

▲在德州岡薩雷斯市（Gonzales）對中學生演講。

▼在電視紀錄片的拍攝現場與阮玉（Ngoc Nguyen）、莎拉・波爾多（Sara Bordo）和艾莉克希絲・瓊斯（Alexis Jones）合影（從左至右）。

Choosing Happiness

by Lizzie Velasquez

快樂是最強大的選擇

麗姿・維拉斯奎茲——著

陳雅汝——譯

我要把這本書獻給每一位覺得自己陷入困境、孤單寂寞、絕望無助的人。

我希望這本書就像隧道盡頭的些微亮光。

我希望你們能夠讀完本書，做好準備，抱著興奮的心情選擇快樂，

把「選擇快樂」當成是你們生命中頭等重要的大事。

CHOOSING HAPPINESS

目錄

代序

艾莉克希絲・瓊斯（Alexis Whitney Jones）

我總是說自己有冒險癮，就像是頭披著羊皮的狼；雖然我有一頭大鬈髮、一對大酒窩，還有一副南方美女的好身材，但我一直都很愛冒險犯難。我熱愛高空跳傘、到地球上最危險的地帶徒步旅行、在大海與鯊魚共游、自告奮勇到荒島玩野外求生，我之所以這樣做，是因為我的內心裡有一股無法遏止的渴望，我想要挑戰自我，我想要走出我的舒適圈，所以我在做這些事的時候，心裡其實沒有多少恐懼。

也就是說，沒有什麼事情能夠嚇到我，可是當親愛的麗姿打電話給我，邀請我幫她的新書寫序，我著實嚇到了。可以說，我在第一時間是嚇壞了，萬一我沒辦法真實呈現這個女孩（我是極為欽佩她的），那該怎麼辦？我害怕我的文筆不佳，寫不出好文章，只能瞪著電腦螢幕上的游標，一個字也打不出來。雖然我感到不安、沒有把握，但我逐漸明白，這就是所謂的「新邊疆」，就是麗姿給予我的一場瘋狂冒險（這比我曾經嘗試過的挑戰來得可怕太多了）。事實上，「真正的」冒險犯難，並不是揹著製作精良的降落傘從飛機上跳下去，而是在一個要求我們按照其他所有人的規矩行事的世界裡，勇敢地定義自己！

現在，我想要提一下我和麗姿第一次用Skype通話的事情。我當時在舊金山，麗姿在奧斯汀的家裡，我已經看完所有關於她的報導，也看過網路上她的幾段影片，我努力克制自己不要變成瘋狂迷戀她的小粉絲（我可沒說謊）。當時我正和我最要好的朋友莎拉·波爾多（Sara Bordo），一起製作第一屆「TED女力講堂·奧斯汀場」（TED x AustinWomen），我的工作是說服麗姿來幫我們演講一場。在此我就不賣關子了。麗姿接受邀請，她答應以她的人生為題發表演講。事實上，她在TED的演講一炮而紅，截至目前為止（我寫到這的此時此刻是二〇一四年四月），點閱率達到了九百五十幾萬人次！我敢打包票，在這本書出版的時候，點閱率應該會逼近兩千萬人次或是一億人次。我一見到她就愛上她了，但為什麼別人對麗姿也是一見傾心呢？

麗姿擁有很多優點：她很有幽默感，經常逗得我捧腹大笑；她的性格堅韌，能屈能伸，令我非常佩服；她有虔誠的信仰，舉止優雅，十分謙遜。當這些優點全部加在一起，就把別人的心融化了。沒錯，麗姿是生病，是如何如何。但我們跟她不同的地方是，我們的人生過得不好，我們總有藉口可以用；如果我們不好好地過生活，我們總有藉口可以用；如果我們沒有實現我們的夢想，我們總有藉口可以用。我們總有藉口去怪罪別人，而不是為自己的人生負起責任。這就是麗姿教導我們的事情，千萬不要讓其他人、讓世界甚至是讓我們自己，把對我們沒有幫助、會讓我們劃地自限的標籤，貼在我們自己身上。

我跟很多人說過，如果上帝果真差遣了天使到我們身邊，那祂的詭計已經被識破了，因為我知道麗姿不可能是凡人！麗姿面對霸凌、面對憎恨、面對邪惡，展現了寬宏大量的胸襟，這已屬超凡入聖的修為。我和莎拉目前正在拍攝以麗姿的生活為主題的紀錄片，有幸協助她分享她的人生故事。這本書和最近出版的兩本書，以及我敢保證她將來會寫的十多本書，都能指引我們成為更好的人，讓我們能夠鼓起勇氣，把逆境和我們的不安，化為我們最重要的資產和力量。

麗姿就像我的小妹妹，但她也是我的人生導師，我最要好的朋友之一，也是這個世界的光明使者。我很高興我有這個榮幸可以說，「那邊那個誰誰誰，麗姿是我的朋友！」看著麗姿發光發熱，見證她也激發出別人身上的燦爛光輝，讓我們大家能夠成為非凡卓越的人，我也與有榮焉。

我最親愛的麗姿，你是如此美麗動人且無懈可擊。親愛的，很榮幸當你的朋友。我非常愛你，我迫不及待地想要看看我們將來能夠移走些什麼樣的大山。XO（擁抱和親吻）！

（「我就是那個女孩」（I Am That Girl）組織創辦人、作家／社運人士／媒體人）

前言

一年前，如果有人跟我說我的第二本書會登上 iTunes 基督宗教書籍排行榜第六名，我會出現在全世界各大重要電視台的節目中，我終於要拿到我的大學傳播學學位，而我也開始主導自己的事業發展，而且這一切都發生在我二十四歲的年紀，我一定不會相信。如果有人跟我說我會和我最親愛的好朋友一起搭飛機去夏威夷的茂宜島（Maui）度假，我也一定不會相信。有時候，我會覺得我不配得到發生在我身上的所有好事。我只是一個述說自己故事的女孩，我只是笨笨的麗姿，但卻有許多人跟我說我是他們的英雄。我彷彿過著兩種截然不同的人生。在一種人生當中，我只是一個傻女孩，老是被人咒罵，但我下定決心要快樂起來。而在另一種人生當中，我卻在告訴別人如何快樂起來，如何改變他們的人生。真是超現實。

但在二〇一三年所發生的事情，並不是每一件都是好事。如果有人事前跟我說，我到了夏威夷的第二天，就會接到我爸爸的電話，說我媽媽的手術出了差錯，出現敗血性休克，而我們講電話的時候，她正被送去動緊急手術，這打死我也不會相信。我根本不想相信。

但我可以告訴你們，上述這些事情每一件都發生了。帶著愛、信仰、悲傷和困惑，我可以再一次告訴你們，雖然看似不可能，但這些事情全都發生在二〇一三年。

你們有些人可能知道，我經常被迫在兩難之中做選擇：要不就選擇快樂，要不就選擇放棄。我得了一種病，這種病會讓世界上很多人認為我長得很醜，就算是我最痛恨的敵人，我也不希望他得這種病，但我每一天都要跟這種病一起度過。不過，我的運氣很好，天主知道祂在做什麼，所以當我誕生的時候，祂把我送給世界上最好的一對父母。他們沒有刻意安排，只是以身作則地教導我，不管我的人生面臨什麼困難，我都只能選擇快樂。即使當我早晨醒來，害怕面對外在世界的譏諷嘲笑，我都會提醒自己我是多麼有福，因為我每天都能從溫暖的被窩中醒來。我的床很大、很舒服，是加大的雙人床，我可愛的小狗狗貝西，每天都睡在我旁邊，我怎麼可能會帶著怒氣醒來呢？

去年間，發生在我身上的事情是我從來沒有意料到的。我剛搭乘七個小時的飛機離開我媽媽時，她就差點蒙主寵召了，這是我在這個世界上最難以承受的打擊。在那幾個月當中，我的家人變得異常堅強，我們的信仰也變得異常堅定，因為她還需要治療好幾個月才能康復，所以我們也會繼續堅強、堅定下去。我們家的人必須團結起來，努力照顧好我媽媽。我們必須為了她選擇快樂起來、堅強起來，因為今天如果換作是發生在我們身上，這也是她會做的選擇。

過去這一年來，我學到太多出乎意料、十分艱難的功課，它讓我情緒起伏，也讓我傷透腦筋。而我也認識到，我已經成長為一名輕熟女了，雖然我的體重大概只有小學三年級生那麼重，但我已經能夠獨力面對人生中的所有難關。我知道我理應得到什麼樣的待遇，我也瞭解我注定成為哪一種女人。過去一年是一趟很精彩的旅程，我過去二十四年的人生，因為這個可以暫時稱為「未知的疾病」，已經過得相當精彩了，但去年是最為高潮迭起的一年。

我希望我已經學習到的所有功課，我已經克服（或是目前正在克服當中）的各種磨難，我已經經歷的成長，以及我有時候不得不做出的艱難選擇，能夠多少幫助到你們或是引起你們的共鳴。這是我之所以再寫一本書的目的。人生難關或許接踵而來，但只要對自己和天主懷抱信心，我就能夠順利度過這些難關。你們也能夠順利克服你們的挑戰！我不止把我個人的人生體驗寫進書中，希望能夠給你們參考（嘲笑也行），也試著向你們證明，我所經歷的事情（儘管那些事情對我來說很私人），其實全都和你們大家有關係。

我在每一章當中，加入了一些活動，這些活動能夠增強自信心，也希望這些活動能夠讓你們更加瞭解自己。每一章的最後都列出了讓你們檢討反省的問題，還留下一些空白處，請在空白處寫下你們的答案，還有當天學到的東西。也請你們在「趕快出去做吧」那一頁的空白處，寫下你們對這本書的看法（或是其他想要對我說的話）。如果書上的空白處還不夠寫，就麻煩去買本筆記本，或是找出一疊白紙，就可以寫個過癮了！

在我過往的成長歲月，如果說我曾經學到一件事情，那就是你永遠有改變的空間。你不用是別人想要你當的那個人；你也不用是一年前的那個你。生命是一趟旅程，我們全都應該樂在其中才對。終點一點都不重要。不管你是跟我一起成長過來的老讀者，還是只因為喜歡新書封面才把書拿起來翻的新讀者，或是有人送你這本書當禮物的新讀者，我都希望你們能夠參考我的人生經驗，對自己的人生有多一點點的信心。不管你經歷過什麼事情，不管你住在哪裡，我都希望你們知道一件事情：你們並不孤單。

不管我們是哪裡人，不管我們經歷了什麼事情，不管我們說哪一種語言，不管我們的長相如何，當我們面對任何情況，我們全都擁有兩個選擇。

你是要選擇快樂？還是選擇放棄？

麗姿・維拉斯奎茲

二〇一三年九月二十三日

第一章

成長——在旅途中發現喜悅

反而在愛德中持守真理，在各方面長進，而歸於那為元首的基督，本著祂，全身都結構緊湊，藉著各關節的互相補助，按照各肢體的功用，各盡其職，使身體不斷增長，在愛德中將它建立起來。

〈厄弗所書〉4章15～16節

獨立之路

宗徒們聚集到耶穌跟前，將他們所作所教的一切，都報告給耶穌。耶穌向他們說：「你們來，私下到荒野的地方去休息一會兒！」

〈馬爾谷福音〉6章30～31節

高三下半年，我成天忙著填寫大學申請書、拿推薦信，有空就張羅宿舍房間該如何布置等等的。一想到一切都將截然不同，眼前的景色即將改變、認識新的人、搬進新的房間（說真的，一切都將煥然一新），我就興奮不已。我申請了四所大學。當然，我希望這幾所都能錄取我，可惜已有兩所拒絕了我，而我最想進的那所，也只是備取而已。頓時，我想上大學的美夢，漸漸離我遠去。

我還記得我收到最後一封信那會兒。那封信是我申請的最後一所學校寄來的。

我和父母站在廚房裡。你幾乎可以觸摸到瀰漫在空氣中的殷殷期盼。爸媽花了幾分鐘說服我，我才有勇氣打開那封信。那封信即將決定我的命運和我的未來。我那時還沒做好心理準備，萬一這輩子都上不了大學呢，還是說，我不會那麼倒楣，命運是不會屢次和人作對的。這封信很厚，裡頭好像有一包東西。我把這當作好兆頭，因為我收到的其他幾封信，裡頭都只有一張紙，上面寫著寥寥數語：「親愛的伊麗莎白，我很抱歉通知你……」

我終於鼓起勇氣撕開信封，當我看到「歡迎來到德州州立大學（Texas State University）！」幾個字，我像是如釋重負，大大地鬆了一口氣。我到底有沒有讀完整封信，都記不清了！我舉起雙手，興奮地跳上跳下，在廚房跑來跑去。那一瞬間，我感覺有如世界般沉重的負擔，一下子從肩膀上卸下來了，因為我知道我就要去上大學了！我的父母和我一樣欣喜若狂。我們緊緊相擁，一起歡笑，一起享受這不朽時刻的分分秒秒。

我申請了四所學校，唯一一所錄取我的，剛好也是唯一一所不在奧斯汀

（Austin）的。我真的要從我打兩歲起就住到現在的房子搬出去嗎？我有辦法自力更生嗎？

不管你發生了什麼事，靠自己之力生活，都很可怕。請你拿出一張紙，在中間畫一條線。請你在上面（或左邊）那一欄寫下，靠自己之力生活時你會害怕的事情。接著，請你在下面（或右邊）那一欄寫下，你可以做哪些事情來克服自己的恐懼。

以下是我害怕的事情：

洗碗	我的病情阻止不了我！
和父母分開	自己想法子解決
和朋友分開	認識新朋友，嘗試新事物
大學畢不了業	把這當自我挑戰，學習讀書方法
找不到工作	想辦法讓自己變得更優秀

我爸爸是那種過度溺愛保護的家長，在申請學校的時候，他真的提議過，如果我上奧斯汀本地的大學，繼續住家裡，他就付我薪水。他說只要我住在家裡，他就會按月付我薪水。（我跟他說他可能會拖欠薪水，但我才不讓他欠！當然是開玩笑的啦……）這個提議很誘人，我是說，只要住在家裡，我就有錢領耶！一定有人會認為，這個提議很棒，千萬不要錯過。但最後我發現，這不是為我好。我很感謝爸爸提出這麼慷慨（但不安好心）的提議，但我是該離巢高飛了。因為生病的關係，生活上的大小事都需要父母協助，更不用說，我直到最近才脫離小孩的行列。但是，在生活上不管哪個層面，我都盡可能地學習獨立。我迫不及待想要展開人生的下一章，這將是波瀾壯闊的一章，我小小的身軀裡有著滿滿打死不退的決心。

在我那群好朋友裡，只有我必須離開本地去上大學。就算我只是搬到聖馬克斯（San Marcos），那裡離本地只有二十分鐘車程，但對我們那群姊妹淘來說，仍然是天翻地覆的巨變，因為我們從十一歲起就形影不離了。不過我的運氣很好，並不是只有我和我的朋友們正在經歷這個過程。我的表姊妹妮琪和安娜也在申請大學，而且（拜託來個連續的擊鼓聲，謝謝），安娜也申請到德州州立大學了！

我和安娜要上同一所大學了！雖然我的家人都知道我能夠照顧好自己，但安娜也要去唸德州州立大學，更是讓他們大大放心。我不止要和我最要好的姊妹淘之一去上大學，萬一碰到需要緊急送醫的狀況或是其他的壞事，有個至親在身邊，也能有個照應。我和安娜立刻就決定我們要一起住。結果我們申請到心目中的首選——「傑克森學生宿舍」（Jackson Hall），這棟宿舍位於山坡上，旁邊就是學生活動中心。傑克森學生宿舍有許多特色，其中一個特色是這棟宿舍的屋頂上掛著一顆發亮的大星星，每當德州州立大學打贏美式足球賽，校方就會點亮這顆星星。現在我和安娜知道我們就要入住心中嚮往的宿舍，接下來只要耐心等待搬家之日到來。

搬到德州州立大學的前一天晚上，可以說感覺相當不真實。我的衣服、鞋子、書本和生活用品，都已經打包好，放進咖啡色的紙箱和白色透明的塑膠箱子裡。

更不用說，和家人共處的所有回憶，也都已經在腦海裡打包好等著帶走了。

我得做個告解：我們家的小孩在成長的過程中，父母從來不讓我們做家事。我爸爸從來不讓我洗碗，因為我的視力不是太好，他擔心我會割傷自己。雖然我通常很不喜歡別人對我說，因為生病的關係所以我不能做什麼事情，但洗碗這檔事我倒是很樂於變通的！我是說，沒有人會質疑我不洗碗不對。但我這樣好嗎？無論如何，我現在就面臨這個棘手狀況：未來我不僅要洗自己的碗，還得用自己的手去洗！

都要上大學了，我才發現我不僅不會洗碗，還有一件必要的家事我也不會做，說起這檔事，或許其他大學生也是心有戚戚焉吧。我說的是洗衣服。我甚至不知道該從何下手。就我記憶所及，我不是把所有的衣服洗到縮水，就是把衣服全都染成粉紅色。更讓人望之卻步的是，宿舍的洗衣間竟然是在地下室。是在令人毛骨悚然的地下室！每次我獨自下樓去洗衣服的時候，都覺得自己好像是置身在恐怖電影的場景中。

頭一回去洗衣服的時候，我把我那個超大的洗衣籃辛辛苦苦地拖下樓。再來，就打電話給我媽媽。她仔細跟我解釋衣服要怎麼按顏色區分、熱水和冷水要怎麼用，以及其他林林總總和洗衣服有關的細節，聽完後我就放棄了。我已經對自己洗衣服提不起半點興趣了。那次我花了將近兩個小時洗衣服，我全程都待在地下室，心急如焚地等著洗衣機的蜂鳴器響起，好把裡面的衣服拿出來。我心想，等那個聲音響起的時候，我就可以打開蓋子，然後會看到我全部的衣服都洗壞了。但是，當我打開洗衣機的蓋子，卻看到我從來沒有想像到的結果。神蹟發生了，我第一次洗的一大堆衣服，全都順利洗好了，沒有一件洗壞的！接著，我打電話給我媽，把照片傳給她看。他們可能會在家開一個小型舞會，慶祝我成功洗好衣服，衣服不僅乾淨，也完好無缺。這是生活上的小小勝利，但它意義重大。

自力更生不只有洗衣服和洗碗而已，還有其他的實務面需要我去學習處理。由於我的視力很差，絕對不能開車，所以不管要去哪裡，我都得靠別人開車載我，這一直也永遠都是我人生中最大的煩惱之一。我在生活的許多層面上算是獨立自主的，所以無法自行開車的問題，讓我很難受。你可以想像一下，每當你想去什麼地方，都一定要先問人且必須事前規劃。沒辦法想去哪裡就馬上搭車過去。這種時候你都不好意思說自己有多獨立自主。

上大學以前，都是父母載我出去，但我在大學新結交的朋友，全都有自己的車，這表示可以自由地在任何時間去我們想去的任何地方。凌晨一點開車夜遊去買墨西哥捲餅，讓我覺得我好像是最壞的反叛份子。我的本能叫我在去之前先告訴父母一聲，不然也要跟他們說我何時會回來，但現在我已經自立，不需要告訴他們了。我可以想去就去。

我自由地跟朋友們去想去的地方，也沒有父母在身邊嘮叨提醒何時該認真了，所以玩了幾個星期以後，我才終於建立我的新作息。我的例行公事如下：晚上熬夜寫作業、唸書、大笑以及和新交的朋友一起玩，早上又得早起上課，還一邊咒罵自己前一天晚上幹嘛那麼晚睡。不過，我還是順利地度過一天——通常是在很多咖啡和糖果的幫忙之下。有些早晨我是以「賀喜巧克力花生醬餅乾」（Reese's）

和可樂當早餐的。在我看來，這是優勝者的早餐。

我上大學不僅是為了和新認識的大學朋友一起玩、一起歡笑，最重要的一個理由是接受高等教育。但我剛獲得的自由，卻輕而易舉地接管我的生活。如果我再放任下去，我的生活重心很快就會變成玩樂，而不是上課和寫作業。這需要很強的自制力，當然我也做了很多努力，才總算在朋友和家人、休息和學校的課業表現之間，找到了適當的平衡。

獨立是你的選擇

我一直都很獨立。我不喜歡別人跟我說我不能做什麼事情。事實上，我會把這種話當作是挑戰。只要有人跟我說我不能做什麼事情，我就會想辦法靠自己的力量把這件事情做成。但是，就算我的個性天不怕地不怕，離家上大學還是讓我有點緊張不安。一切都將變得不同。我將離開我所依賴的人。當我倒下去時，我的保護網無法馬上接住我。大學裡的人也不會像高中同學那樣瞭解我的過往。我真的要從頭來過了。

一切都要重新開始，看似不可能，但如果你仔細思考，人生一直都是朝著獨立之路邁進的。只不過年紀越長，我們的步伐跨得更大一些。我是從上幼稚園開始靠自己的。我在那所幼稚園沒有任何朋友，到了那裡以後必須認識新朋友，這很不容易。到了上初中的時候，又得重新建立我的生活，因為我和朋友們被拆散，大家都上不同的學校了。我必須決定要參加哪些社團活動，並希望能夠在那裡交到朋友。到了高中我又得選擇一次，我必須決定我要留在哪些社團，又要放棄哪些社團。我也必須為未來的前途和升大學而努力。這些時刻都確實令人感到害怕。但想想另一種選擇吧。

假使我們從來都沒有選擇獨立呢？上高中時，就算沒有認識的朋友在你想參加的社團裡，你還是勇於參加，但假使你只選擇做你的朋友們做的事呢？假使你因為這不是其他人正在做的事情，就放棄你所喜歡做的事情呢？假使你因為夢想中的學校離你所關心的人太遠，就放棄上那所學校的機會呢？假使你因為不想要脫離舒適圈（comfort zone），就放棄一份工作呢？

如果你仔細思考的話，你就會發現拒絕每一個機會，似乎並不是最好的選擇。當你開始做一件以前沒做過的事情時，要靠自己之力去做是很可怕，但這並不表示這件事情不值得去做。一旦克服恐懼以後，會發生很多好事，你可以列張清單好好瀏覽一下。你應該不會想錯過這些好事吧。獨立以後發生的最好的事是體驗。但體驗不見得都是令人愉快的。上大學以後，我經常想念家人，也想回家。有時不得不盡快從一個演講場合離開，趕赴另一個演講邀約，這時我就覺得好想放棄，我只想和家人朋友一起玩，我不想獨自承擔那麼大的壓力，也不想一個人疲於奔命趕來趕去的。但我知道我必須放下那些情緒，去做我需要做的事情。我有我的使命，也有許多目標。如果我不去做那些讓我感到害怕的事情，如果我不去做那些我只能獨自去經歷的事情，我就永遠無法完成任何一個目標或使命。

- 我很緊張不安，但我還是自己洗衣服。
- 我很緊張不安，但我還是每一堂課都去上。
- 我很緊張不安，但我還是撰寫出版了一本書。
- 我很緊張不安，但我還是站在聽眾面前演講。

這些事情都不是別人替我做的。我必須去擁抱我所害怕的事情，選擇走向獨立之路。如果我不這麼做，我就永遠走不到今天，永遠不能變成現在的我。

但選擇走獨立之路，並不表示你每次都能夠靠自己之力做好每一件事情。獨立自主意味你知道何時可以找人求助，也能夠開口向人求助。這意味你知道獨立自主和冥頑不靈是有區別的。我或許是靠自己洗好衣服，但一開始可是有先打電話問我媽從何下手。我是從大學畢業了，但我可是有請教教授們很多問題，也有和同學們一起唸書學習。

檢討反省：

你在哪些方面已經獨立了？你在哪些方面還需要成長？

你可以靠自己之力做哪些事情？哪些事情你需要別人協助？

想想看你哪一次需要協助的時候，卻覺得自己開不了這個口。為什麼你沒有開口？

你在哪些方面是可以變得更獨立，卻害怕去嘗試的？

趕快去做吧！

學會自己洗衣服真的解放了我。有沒有哪項能力是你一直想要擁有的，那就開始努力把它學會吧。不管是洗衣服、粉刷房間或是更換爆掉的輪胎，弄清楚誰能幫你的忙，趕快出去解決問題。

新我之路

不要讓人小看你年輕；但要在言語行為上，在愛德、信德和潔德上，做信徒的模範。

〈弟茂德前書〉4章12節

開學第一週，我去上課的時候才發現，大學每一堂課的學生人數，和我過去十二年來在小學、初中、高中所習慣的上課人數，有著天壤之別。以前一個班的上課人數最多就只有二十五個人，但現在一門課最多會有三百名學生，真是嚇人。上初中高中那時候，我覺得自己像是置身在一般水族箱裡的一尾小魚兒。上大學以後，我覺得自己就像是置身在汪洋大海裡的一隻小小海馬。我有時會拿自己和坐在前排的同學來比較，每次上課的時候，所有的問題都是他們回答，也是他們提問，他們聚精會神地參與討論。我越是拿自己和他們比較，我就越覺得我沒有其他學生聰明。我不斷地懷疑自己的能耐，這些負面情緒足以讓人恐懼不已，並開始考慮退學了。而且，我不僅內心不安焦慮，因為內心越是不安，越會回復到以前那個在外表上更沒自信的自己。

在上小學一年級的時候，有人送我一個單筒望遠鏡，那是我生平第一個單筒望遠鏡。那個望遠鏡很像可以放進口袋裡的雙筒望遠鏡，但它只有一個小管子。不管我坐在教室的哪個座位上，都必須使用這個望遠鏡，才能看清楚黑板上的字。朋友們都覺得我的單筒望遠鏡很炫，但我有很多年不是很珍惜它。隨著我使用得越熟練，這個望遠鏡對我的幫助也越大，我變得非常依賴這個小傢伙。我能夠輕鬆地對焦，讓鏡頭一直跟著老師，而且我拿它的方式常常會讓人看不出來我正在使用它。上大學的時候，教室都是在大講堂，所以我和老師、黑板的距離又更遙遠了。這是我使用單筒望遠鏡的完美時機，但情況又倒帶回到我第一次拿到它的時候。第一次帶它去上課，因為怕很丟臉，所以我一直沒拿出來使用。我覺得這會讓我變得特別顯眼，和別人不一樣，但除非必要，不然我不想吸引別人注意。我頑固地拒絕使用單筒望遠鏡，結果就是我把筆記做得一團糟，而且為了想看清楚黑板上的字，我拚命睜大眼睛，搞得眼睛疲勞，還得了偏頭痛。而我這麼做的原因就只為了看起來「很酷」。

我頑固地抗拒使用單筒望遠鏡，終於影響到我的學業成績。我知道我必須硬著頭皮接受事實，再度把單筒望遠鏡拿出來使用。由於我已經很久沒有使用單筒望遠鏡，所以還花了一點時間來調適。重新調適、重新使用單筒望遠鏡一點也不好玩，但我很高興我這麼做了。因為如果我沒有屈服，接下來的大學生活都會很辛苦，我會一天到晚偏頭痛，還什麼東西都學不到。還有，當我再度使用單筒望遠鏡上課以後，也沒有同學跟我說我看起來很沒用，或是很愚蠢這類傷人的話。

我不僅要在這方面走出我的舒適圈。因為生病的關係，我的免疫系統非常差，也就是說我有一個超好用的藉口，每個學期都可以蹺課，愛怎麼蹺課就怎麼蹺課。在大學裡，有些教授會規定修課的學生一學期只能缺席三次，不然他就會把你當掉。學校裡的「身心障礙學生處」（Office of Disability）給了我一封解釋我病情的信，要我拿去給我修的每一門課的教授過目並且簽名，再把信交還給他們。我必須去找我的教授們，拜託他們在那張紙上簽名，一開始我覺得很難為情，因為這又會讓我顯得和別人不一樣。不過，這件事實際上對我很有幫助。大學裡每門課一個班上都有很多學生，在那麼多人的課堂上，教授有時很難認識每一位學生，和他們建立一對一的關係。但是我第一天去上課的時候，就必須拿著信去找教授簽名，我得等到下課後，走到教授面前，向他們自我介紹。我總是會綻開最親切的笑容，向他們解釋我的病情，而且我也一定會告訴教授們，我非常期待上他們的課。這麼做不僅能夠讓我和教授建立好交情，同時也讓我產生歸屬感。

選擇長大

雖然這些情況最後都獲得解決，但我又得重新學習「欣然接納自己」這門課，我覺得這很可怕。因為生病的關係，我經歷了許許多多的挑戰，也學會了用不同的角度看待事物。對於我所經歷的每一刻，我都深表感激，也知道我所經歷（或是我將經歷）的每一件事情，都是學習的利器，都是能夠讓我爬得更高的階梯。但這並不意味這些障礙都很容易克服，也不意味我從來不會被盯著我瞧的人激怒，或者是我從來不會因為自己的長相而感到很不自在。但是，每一個新狀況都是良機，讓我得以扭轉大家對我和我的外表產生的偏見，讓大家能夠看到真正的我。

但到底誰才是真正的麗姿？這個問題不像你認為的那麼容易回答。

上初中的時候，我真的很想當啦啦隊長，不是我體育很厲害或是熱愛為人喝采加油。我只是想要穿上那套服裝。不僅因為那套服裝很漂亮，還因為穿上制服就代表我是他們的一份子。這表示我也能融入大夥。高中時，我如願進入啦啦隊

（所有參加選拔的人都入選了），我那時覺得這表示我融入團體了。如果穿著打扮和別人一樣，我就會覺得我看起來和別人一樣。但事實並非如此。我在啦啦隊是玩得很開心，但我也逐漸發現，總是有人會因為我的長相而針對我。就算在如此青澀的年紀，我也必須在我到底是想過得悲慘還是過得快樂之間做出選擇。

我是真的很努力要快樂的。我在學校裡裝出快樂的笑臉，和父母在家時也裝出快樂的笑臉，任憑誰看到我，我的臉上都洋溢著幸福快樂。但到了夜晚，當我在洗澡或是準備就寢時，我會哭泣。我會把努力隱藏的情緒全部發洩出來，因為我知道那時沒人看得到。我向天主祈求，盼望著，如果我使勁地、拚命地擦洗身體，天主就會把我的病全部洗刷掉，我就能在鏡子裡看見一張正常的臉蛋。但這種事從來沒有發生。因為這個緣故，我有很長一段時間對天主感到非常氣憤，而在那些時候（相信我）還要選擇快樂，實屬不易。事實上，有段時間這也由不得我作主。

在我人生的青澀歲月中，青少年時期的麗姿，是鬱鬱寡歡、愁眉不展的。我對這個世界感到憤怒，也不知道如何突破困境。但我心裡明白，我不想成為那樣的人。那不是我希望別人認識的麗姿。那也不是我終其一生想要的形象。所以，我開始聆聽我的朋友和家人說話，逐漸接納自己。漸漸地，我告訴天主，如果祂不打算把我變漂亮，那祂就必須向我說明，我為什麼會得這種病，這對我有什麼好處。

再來我就進了高中，在YouTube看到「世界最醜女」那段影片，我頓時覺得這些年好像都白活了。我並沒有自以為的那麼堅強、有自信。我還是很害怕，很沒有安全感。我不僅想要放棄，也想要用別人傷害我的方式來傷害其他人。這是我人生的另一個階段，我必須做出選擇。別人欺負我、霸凌我，我可以認命，或者我也可以想辦法克服這些痛苦。我可以用我想要的方式來證明給大家看，向世人證明，我不是他們所說的那樣。這很不容易，但選擇快樂並非永遠意味你所選擇的是條輕鬆的路子。

在這場風波過後不久，我受邀演講，一切才變得明朗。我逐漸理解天主的計畫。終於開始接受這就是真正的我，我就是想要快樂。我開始喜歡我自己，並能夠愛我自己。我開始以我自己、以我的長相為傲。我終於明瞭我真的可以欣然地接納自己。

但我有時還是會心存疑惑，或覺得很丟臉，像是在大學上課使用單筒望遠鏡的時候；有時我也會擔心如果沒有家人支持，無法靠自己活下去。但我終究知道自己能夠成為什麼樣的人，同時我也理解為了成為那樣的人，有時需要勇敢面對一些事。年紀越長，我越清楚必須掌控自己的人格特質，也必須由我來定義我自己。我的人生掌握在我自己的手中，就像你的人生也是掌握在你自己手中一樣。你是自己的駕駛。是你決定要走好的路還是壞的路。那些充滿惡意、令人作嘔的留言，或是旁人毫不客氣的注視，我決定把這些無禮的冒犯，化為讓我進步的動力，讓我更加積極奮發，把每一個挑戰都視為不可多得的良機。而你，也可以做相同的選擇。

一旦我做出選擇，一切就顯得明朗。我想要改變世人對我和我的外表的看法。我的使命是把我的故事公諸世人，讓大家知道你的長相和別人對你的負面評價都不能阻擋你。我想要成為激勵講師，讓世人能夠從我的人生經驗得到啟發。我也想要出書和拿到大學學位。我希望有朝一日能夠成家立業，甚至更上一層樓。但我不希望被某個標籤限制住。這一切我全都想要，因為一個小小的標籤不能限制我們。別人說我們善於做什麼或不善於做什麼，也不能阻擋我們。我們的長相，不能阻擋我們。外在各種限制因素，不能阻擋我們。我們的恐懼，更加不能阻擋我們。

以下是我想要做和想要完成的事情，這有點像是一張人生目標清單，把我想要做的事情及想要擁有的身份角色一一列出來。現在，請你花幾分鐘的時間列一張你自己的人生目標清單。把你已經擁有的身份角色和你未來想要擁有的都列出來，接著，在你已經完成的事項上打個勾勾。不要對自己設限，也不要擔心你無法完成所有的目標。你永遠不知道人生會把你帶向何方，所以千萬不要劃地自限！

麗姿的人生目標清單

- ☑ 啦啦隊長
- ☑ 作家
- ☑ 女兒
- ☑ 朋友
- ☑ 寬宏大量的人
- ☑ 樂觀主義者
- ☑ 大學畢業生
- ☑ 激勵講師
- ☐ 網頁設計師
- ☐ 電腦專家
- ☐ 妻子
- ☐ 母親

弄清楚我們是誰，或者說「成長」，是一個持續在進行的過程。我們總是會碰到挑戰，或是厄運連連的時候，不免令人想打退堂鼓。但重要的是，當有人跟我們說，這件事我們做不成，不管是外面的人說的，還是你自己內心的聲音，我們絕對不能聽從。如果你有特別想做的事情，你就會想辦法把它做成。其實，有時候你只需要勇敢地去做就好。

檢討反省：

你的人生有什麼使命？

你知道未來你想做什麼事情？（或者，你知道你不想做什麼事情？）

成功的人生對你來說意味哪些事情？

你希望別人怎麼看你？

趕快去做吧！

接下來的幾週（不用非得從今天開始），好好把握一個平常你會拒絕的機會，看看會發生什麼事情。如果你感到緊張不安，那就禱告一下，或是找個朋友陪你，但千萬不要打退堂鼓。如果你喜歡這個機會，那就太好了！如果你討厭這個機會，那就想辦法利用這次經驗，讓自己得到成長。

第二章

改變——踏上激勵講師的道路

一切壞話都不可出於你們的口；但看事情的需要，說造就人的話，叫聽眾獲得益處。

〈厄弗所書〉4章29節

我如何走上這條路？

為此，你們應該戒絕謊言，彼此應該說實話，因為我們彼此都是一身的肢體。

〈厄弗所書〉4章25節

我在每一節的開頭都會引用聖經章句，如果你還沒注意到（我知道有些人會直接跳過），那就請你認真看看這一章開頭所引用的兩段話。這兩段話出自《新美國聖經》（*New American Bible*），引自〈厄弗所書〉的章節，名為「新生活的準則」。如果你和我一樣都是天主教徒，你就會知道這兩段話有很多含義，但我現在想要把這兩段話理解為過新生活的準則。〈厄弗所書〉這一節的基本概念是我們應該善待彼此，說好話和實話。這是我在演講時想要清楚傳達的訊息，因為我比大多數人更瞭解，人務必過新生活到底是什麼意思。

我之所以走上激勵演講的道路，始於高中時期，我們學校的副校長問我願不願意為四百名新生做個演講。當然，我的第一個反應是「我才不要！」我才不要站在一大堆人的面前說話！我不知道我要說什麼。我認為一定相當乏味、無趣，沒有哪個小孩能夠理解我的。不過，因為某些理由，最後我還是決定接受邀約。我詳細擬訂我的演講內容，做了很多小抄，確保我上台時不會忘詞，而且我也總算找到了上台的自信。

接下來發生的事情，讓我決定改變我的人生規劃，我決定靠激勵演講來謀生。長久以來，我一直以為沒有人能夠理解我。沒有人得我這種病（呃，是還有其他兩個人啦），也沒有人知道得我這種病的滋味，所以沒有人會設身處地為我著想。但在演講完以後，我意識到這些人真的能夠理解我，起碼是理解我所經歷的一些事情。無論是霸凌、缺乏自信或是學習寬恕之道，這些事情都能引起他們的共鳴。我竟然可以對別人做出貢獻，這讓我覺得很高興，也很自豪。我意識到我真的能夠用我的故事去接觸別人，而且我也理解到如果我能夠影響別人的人生，那我一定要去做。

後來我才知道，公開演說真的是一份工作，別人會付錢給你，我知道我的人生拼圖總算完整了。天主把我指引到了祂一直為我籌謀的道路上。不過在此時，雖然我想要當職業講師，但到底需要學習哪些技能，才能成為職業講師，我卻一無所悉。我不知道怎麼讓大家知道可以找我演講。不知道站在別人面前演講，卻帶著小抄，看起來會不會不夠專業，還是說，我應該先把我的演講內容全部背下來才行。因此，我開始研究。首先，打開筆記型電腦，搜尋「如何成為激勵講師」，開始調查，把我需要做的事情一一列出來：

- 架設一個網站，想邀我演講的人就知道如何與我聯絡。
- 申請一個專業的電子郵件帳號，帳號的英文字母可不能含有「加油寶貝」等輕佻字詞。
- 詳細列一份演講題目清單，包含適合我講的題目和我有興趣講的題目。

確認我想對哪些聽眾群體演講。

下一步是研究別人演講的方式。第一個榜樣是我爸爸，因為他身兼教師、校長和宗教導師多職，在別人面前說話的經驗十分豐富。我仔細觀察他多久時間走動一次，又有多久時間是站在同一個位置上。他會在什麼時候說笑話，又會在什麼時候表現他的個性，我也仔細記下來。我觀察聽眾對他的反應，還有，當他面對不同的聽眾群體，演講方式又會作何調整。我像塊海綿般吸收這一切，也隨時準備好汲取更多新知。

等我對於自己的能力有了信心，我就架設一個網站，開始傳送電子郵件給當地的學校、教堂和企業，向他們介紹我自己，如果他們需要找人演講，可以與我聯絡。我生平第一個貨真價實的演講邀約來自我姑姑，她在所屬的教堂主持一家青少年靜修中心。我必須準備三十分鐘的演講內容。三十分鐘?!我以前從來不需要講這麼久！這是我這輩子第一次正式演講耶！我怎麼有辦法講這麼久呢？所以，我把演講內容一個字一個字寫下來，但後來發現這只會讓我變得更焦慮不安。我知道我想傳達什麼訊息，也知道要面對哪種類型的聽眾，更重要的是我希望我能夠站在他們的面前，發自肺腑地對著他們演講。於是，我把講稿丟到垃圾桶，草擬了四個我記得住的重點。剩下的，就交給天主了。

從哪開始

接下來幾年，不斷重複這個過程。我以演講為業，每個月演講幾場，我的聽眾有時少到只有四名！但我並不氣餒。我真正在乎的是這些經驗。不管你受到感召而從事的是哪一行業，演講、教書、電腦程式設計、業務銷售還是別的工作，除非你積極投入，不怕辛苦勞累，不然你是無法有所成就的。

實現目標的訣竅

不管你希望從事夢想中的職業、進入頂尖大學、完成學校報告，或者只是達到個人目標，想要弄清楚從哪開始實屬不易，但只要掌握幾個訣竅，你就可以著手進行了。

1. 你想要做什麼事情？

這一步看起來很簡單，但弄清楚你確切的目標是很重要的第一步。把想要做的事情寫下來，這樣你才記得住。也可以把這個目標如此重要的原因一併寫下來，你就更有動力堅持下去了。

2. 達成目標需要哪些條件？

如果你的目標是進入頂尖大學，那你就要問清楚入學所需的條件。如果你的目標是完成課業報告，需要哪些東西才能完成呢？如果你想學跳舞或攀岩這類個人目標，你又需要購置哪些裝備才能開始呢？

3.你應該找誰幫忙？

你可以找師長、父母、朋友或是教練幫忙嗎？如果你想要從事夢想中的職業，你能找到這一行的某位前輩，先跟著他見習並且拜他為師嗎？你能找老師來指導你，先幫你校對論文或是寫推薦信嗎？

4.擬訂計畫

決定做某件事是一回事，實際去做又是另一回事，而且是比較可怕的一回事。我決定走激勵演講這一行時，我列了一張表單，你也可以學我列一張屬於自己的表單。規劃需要做哪些事情？何時去做？如果你真的是個很有計畫的人，那也可以列出詳細的時間表，按表操課。

我在演講的時候，有時會看到聽眾中有些人只顧著不停地滑手機。這時，我就會開始懷疑是不是我講得太枯燥乏味，或是太不著邊際，或是我只是假裝在演講的樣子。我會消沉好幾天，心裡只想著乾脆改行算了。不過，我還是堅持下來了。我決定選擇快樂，決定認真看清楚每一位看似無聊的聽眾，把他們當作改正自己缺失的良機。他們不是來侮辱我的，他們是來協助我變得更好的。我無須被他們激怒。一旦我做了這個決定，我就越來越進步。演講邀約有如雪片般飛來，讓我應接不暇，我只好招募家人來幫忙處理，而我的「麗姿團隊」於焉成軍。

我在每次演講之前，一定會找個能夠獨處的地方來禱告。我會向天主禱告，請祂將手放在我的身上，請祂讓我平靜下來，請祂幫助我讓我口中說出來的話語就如同祂的旨意。當我們失敗的時候，選擇放棄是很容易的。但要選擇堅持不懈地走下去，並且相信只要你更積極努力，情況就會好起來，卻需要過人的毅力和勇氣。

即使一切都很順利，我的激勵演講事業（我夢想中的職業）發展得也比我預期的好，但我有時還是會抱怨舟車勞頓、疲憊不堪等等狀況。每當我接到演講邀約，我都會立刻答應，因為我這人沒辦法拒絕別人。但我那時還在上大學，期待正常的大學生活和社交生活，我也想念放假回家時平靜規律的生活。我開始深思這是否是天主希望我過的生活。沒錯，我是四處演講，分享祂的旨意，但我已經精疲力盡了。此時，我只想和朋友們一起廝混、嬉鬧。

當我們懷疑自己的時候

我相信絕大多數看這本書的人，都不是以激勵演講為業，甚至沒想過要走這一行，但那種快要被壓垮、快要累死的感覺，任何人都可能會碰到，不管你做的是全職工作、兼職工作或是還在上學。我們整天都想著要迎頭趕上，好還要更好，事情越攬越多。漸漸地，我們就會對身邊的一切視而不見。如果你正忙著申請一所好大學，那你在高中就一定要選修一大堆大學先修課程，你可能沒太多心思好好享受你的青春時光。或者，你會和我一樣，為了闖出一番事業，正在努力奮鬥。

或者，你為了生計身兼多職，找不到機會坐下來喘口氣，細細品味人生。

有時，像這樣的時刻躲都躲不掉。有時，我們別無選擇，只能把壓力承擔下來，把所有的工作、所有的邀約都攬下來。把辛苦勞累全交付給天主，繼續往前走。但我們不能永遠辛苦勞累地過日子。我之所以這麼說，是因為我已經嚐到苦果。我討厭我必須找時間休息。我覺得我好像錯過了什麼事情，好像讓別人失望了，不管是我的粉絲、家人或是我自己。但我又覺得「如果我可以一直堅持下去，一切都會順利解決的」。幸好我的運氣很好，我的醫生會警告我，不管我喜不喜歡，我都必須找時間休息。雖然，要我找時間休息，什麼事都不幹，簡直要我的命……，但很值得！

雖然我喜愛演講，也喜愛忙個不停，但如果能夠擁有屬於自己的閒暇時間，那就再好不過了。在一天之始，能夠抽點時間喝杯咖啡、看本書，實屬人生一大樂事。這能讓我退後一步，花點時間看看到目前為止取得了多大進展，這能讓我懂得感恩，不把這一切當作理所當然。或許更重要的是，我能重新充電。如果我們只顧著鞭策自己往前走，無暇休息，人終究會累垮，這對誰都沒有好處。

你必須停下來重新充電的徵兆

- 一直都很疲累，卻永遠找不到時間睡覺。
- 為了一點小事就會亂發脾氣。
- 毫無來由地罵人。
- 你僅有的空閒時間，就是偶爾停下來吃飯或睡覺的時候。
- 你祈求目標能夠早日達成，這樣你才能夠休息。
- 你的眼睛只看得到終點，你不再覺得享受旅程有多重要。

當我覺得已經累垮、想要放棄的時候，還有一件事可以讓我堅持下去，那就是你們大家。很多時候，當我獨自一人在機場時，會悲從中來，開始質疑這到底是不是我想要做的事情。這時候，我就會瀏覽我的電子郵件。當我點開信件，眼淚幾乎奪眶而出，因為我實在累壞了。我覺得自己已經無計可施。等我整理完垃圾郵件和工作相關郵件之後，我讀到一封一個紐西蘭女孩寄來的信。她寫道，我們素未謀面，但她想要為我正在做的事情向我道謝。她很佩服我的勇氣，因為我敢於告訴別人，「和別人不一樣也很好啊，堅持自己的立場、做真實的自己很好」。這些話給予她莫大的幫助，所以她想要鼓勵我繼續做下去。

別人經常為我打氣加油。我卻不見得有時間回覆每一個人，但每一封郵件我都會讀，而且讀完以後，會從中獲得繼續前進的動力。這些信件能夠讓我看清楚想明白，我到底有多幸運、多幸福。

檢討反省：

你受到感召而想要做的事情是什麼？

你準備如何實現這件事情？（如果你還沒有計畫，那就開始擬訂吧！）

當你覺得累垮的時候有時間休息嗎？你會如何處理？

哪些活動或哪些人能讓你重新充電？

趕快去做吧！

把你喜歡做卻抽不出時間做的事情一一列出來。然後，每週都要找出時間來做其中至少一件。如果做得到，甚至試著每天都抽出時間來做其中一件事情。

我還沒完成！

因為是我，上主，你的天主，提攜著你的右手，向你說過：「不要害怕，有我協助你。」

〈依撒意亞〉41章13節

你一定以為，我從事激勵演講這麼多年，我在台上演講的時候一定從來都不會緊張吧，事實絕非如此！二〇一二年，我受邀到「波士頓反霸凌大會」（Boston STAND UP BULLY rally）演講，這是我演講過的場子中聽眾人數最多的一次。我到了以後，製作助理問我要不要先看看等一下要演講的場地。我在不知情的情況下走進那個大場地，他們還告訴我當天會有五千多位學生和教師來參加。我和我媽當場楞在那裡，目瞪口呆。我的腦海瞬間像跑馬燈似地跑過了千百萬種思緒和情緒。這是我夢寐以求的啊，我就是想在廣大聽眾的面前演講，傳播我的訊息啊。我的美夢就要成真了。我媽媽淚流滿面。我們望著彼此，心裡明白我們想的是同一件事：天主是至善的。

待我們回到休息區等候，這時我才開始感到震驚。我真的要在五千人面前述說我的故事嗎？我真的辦得到嗎？我只能講十分鐘。我怎麼有辦法把我需要講的每件事情塞進十分鐘裡？為了消除緊張，我們四處逛逛，看看主辦單位安排的各式攤位。我經過一個攤位，這個攤位貼著我的照片，桌子上擺著我的書——《追求美麗，做你自己》（*Be Beautiful, Be You*）。我感覺好像在作夢。有位女士和她兒子正忙著把我的書擺到桌子上。她問我會不會緊張。其實我的腳正在發抖。這位女士拿起一塊透明的小石頭給我，那塊小石頭裡面有位天使。她叫我把石頭握在手中，一直握到上台演講為止，她說天主會與我同在，天使會把我的緊張帶走。於是我把石頭放在手中，握住不放。我甚至忘了我一直握著它，直到走上講台我才發現，於是趕快塞進口袋裡。

走上講台以後，我拿起麥克風放在嘴邊開始演講。而我的緊張、疑慮消失得無影無蹤。我覺得我彷彿是對著五千位最要好、最親密的朋友在演講。我忘了我只能講十分鐘（主辦單位會派人拿個告示牌，告訴我只剩下五分鐘，但舉著告示牌的人卻站在我的右手邊〔我的右眼看不見〕，所以我看不到牌子！）。於是，我就在覺得差不多的時候結束，結果我真的是剛剛好十分鐘準時講完。我知道這都是「石天使」幫的忙。那麼小的一個善舉，卻發揮了那麼大的作用，真是不可思議。

從此以後，不管我去哪裡演講，我都會隨身攜帶石天使。我永遠感謝那位波士頓遇到的女士，感謝她送給我這尊只有口袋大小的天使。就算沒有演講，我有時也會握住石天使。當我獨自旅行或是在擬訂計畫，感到緊張不安的時候，我就會握住石天使，祈求天主的幫助。

如何面對困難

在我成長的階段，父母總是告訴我，人生所要走的道路（甚至拐錯的路），天主都瞭如指掌。祂知道我們應該要做的事，也知道我們應該成為什麼樣的人。我必須停止問「為什麼」，開始聆聽天主說的話。雖然我的工作經驗侷限在勵志寫作和激勵演講上，我還是學會了三件事，這三件事在其他許多情況下，對我也是裨益良多。我希望這三件事能幫助你們克服任何需要克服的恐懼。

❶ 放輕鬆

擔憂、為某事焦慮不安，於事無補。要敢於宣揚自己，對自己和要做的事情有信心。如果你很有自信（就算只是裝出來的），別人也會對你有信心。如果你犯了錯，那也沒什麼大不了，別人會諒解的。

化繁為簡

不管做什麼事情，只要也有別人參與，最好把事情化繁為簡。不要把事情搞得太複雜，因為這只會增加你犯錯的機會，讓你有操不完的心。如果你給的訊息是清楚簡潔的，讓人從頭到尾都能遵循，那大家也會感激你的。

相信自己

就算你所做的事情是第一次嘗試，你也很清楚你會全力以赴。碰到以前沒經歷過的事情和可怕的情況，你可以覺得自己很倒楣，但你也可以抱著感恩的心，把它們都當作大好良機。就算事情搞砸了，那也不是失敗，而是需要好好學習的經驗。

我很喜歡演講，因為當我站在講台上的時候，我的腎上腺素會加速分泌。這像是對我的治療。我可以對著一屋子陌生人開誠布公地侃侃而談，我知道他們不會評斷我，因為我很誠懇地在向他們敘述我的故事。即使我很緊張，怕有什麼忘記講的；即使我很擔心，怕自己表現不好，但我對聽眾絕對是坦誠的。我很喜歡走進演講廳，對著一屋子過去從來沒有聽說過我的聽眾演講。以前只要有人對我抱持以貌取人的態度，或是假設我不能代表我自己所以只跟我的父母說話，我都會覺得很難過。但這些經歷現在都化為推動我前進的力量了。我知道一旦開始演講，聽眾當中起碼有一個人能夠理解我想要表達的。那麼我以前所受的苦就值得了。

我在二〇一三年受邀到「TED女力講堂・奧斯汀場」（TEDxAustinWomen）演講。為此我準備了好幾個星期，我把演講的內容全部做成綱要和小抄。我不想在眾多專業女性的面前丟臉。那一天，我是最後一個上台演講的。我聽了前面許多位優秀的講師分享他們創新的想法和觀念，然後我體悟到，我這一整天聽下來的所有內容都非常重要，我應該把它們放進我的演講裡。但這讓我面臨兩難的狀況，我必須決定是要相信我的直覺，還是繼續原本的計畫。我的運氣很好，選擇相信自己的直覺。於是我丟掉小抄，決定上台自由發揮。

當我走上講台，我看到有群高中女生抱著靠墊和毯子，坐在講台前面的地板上，看起來輕鬆自得。如果我跟她們互動的話，效果會比跟其他聽眾來得好，所以我就把注意力放在她們身上，開始演講。這樣做幫助我和全體聽眾建立親密熟悉的關係。當我演講完時，整個人雖然精疲力盡，內心卻充滿感激。這不是一場無懈可擊的演講，不是我原本做足準備、再三演練過的，我只是把自己展現出來。我只是當我自己，當麗姿．維拉斯奎茲，這樣就夠了。只要我展現出真實的自己，現場的聽眾和日後觀看這段影片的所有人，就被我鼓舞了。我們後來才知道，那天在全美各地所舉辦的「TED女力講堂」當中，就以「奧斯汀場」的觀看人數最多，而我也名列其中，真是與有榮焉！

我不太確定該如何描述那種感覺。我以前是一個想要把身上的皮膚都用力洗刷掉的女孩，現在卻蛻變成一個對真實的自己充滿信心的女人，我鼓舞了很多人去愛他們自己，去愛真實的自己。看完這一節之後，我希望大家記住一件事情，每個人都可以對世界有所貢獻。或許你們能夠貢獻的東西和我能夠貢獻的，或者和你們的朋友或是父母與家人能夠貢獻的不一樣，但人人都能有所貢獻。你們貢獻給世界的東西，不用非得和別人一模一樣。你理應成為獨一無二的你，一旦你找到自己熱愛的事情，一定要樂於和全世界分享，即使你覺得別人可能會傷害你。但如果你知道不管你是誰，大家都會無條件地接納你；如果你知道光是做你自己，就能夠鼓舞別人、激勵別人；如果你知道即使你不夠完美，都值得被愛、被聆聽……，這些就足以對抗你可能會受到的傷害了。你一定要做最好版本的自己，千萬不要害怕。

我曾經很憎恨天主，因為祂把我造成這個樣子，讓我罹患這個我無力改變的疾病。我相信你們過去一定也曾經因為某些無力改變的事情，而憎恨天主或是老天爺。但沒關係，這很正常。千萬不要讓自己受制於這些情緒，也不要讓它們主宰你的人生。如果你和別人不一樣，接受自己的不同之處，並且想法子利用這個不同。要給別人機會來接納你，接納真實的你，接納忠於自己的你。

出去找一顆屬於你自己的「石天使」吧（不管它會是什麼東西），然後用它來協助你克服恐懼。每個人都有他們不敢去做的事情，不管是很難上手的新工作或是很難適應的新學校，還是一直想去做但很怕嘗試的事情。你要知道，天主已經幫你擬好計畫了。祂只是在等你踏出第一步，後續的祂會幫你想辦法。我目前也還在做那些我覺得很可怕的事情，我知道我還沒完成。我知道我一定要堅強，一定要在已有的成績上不斷努力，而我也準備好繼續往前了。

檢討反省：

把你覺得很可怕的事情一一列出來。

你為什麼會覺得這些事情很可怕？

你可以做些什麼來正面解決這些恐懼，把它們一一列出來。

你現在覺得如何？（如果還是很害怕，那也沒關係！）

☞ 趕快去做吧！

有時候，我們需要別人的幫助，才能克服恐懼。仔細留意能夠當別人「石天使」的機會。你可以在朋友上台報告之前，跟他說幾句鼓舞士氣的話，或是在別人的部落格或臉書上，留幾句加油打氣的話。小小的善舉，能發揮很大的作用。我們要讓人們知道，他們並不孤單。

第三章

霸凌——你如何定義自己？

你們應勇敢堅決，不要害怕，在他們面前也不要畏懼，因為上主你的天主親自與你同行，決不拋棄你，也決不離開你。

〈申命紀〉31章6節

貼標籤

所以，凡你們願意別人給你們做的，你們也要照樣給人做。法律和先知即在於此。

〈瑪竇福音〉7章12節

每隔十五分鐘就要吃東西的女孩

世上最皮包骨的女人

世上最醜的女人

骨瘦如柴

畸形

怪物

怪東西

以上的標籤都是別人貼在我身上的。如果你也曾被霸凌，你一定也曾被貼上一籮筐的標籤。在我們來看，這些標籤就是社會給我們認定的價值。我們聽得越久，就越會認為自己沒有什麼價值，會根深蒂固地認定自己是這樣的人，這個想法就會成為難以克服的心魔，而且有可能跟著我們一輩子。

我的故事

小時候，我不知道我的病會害我長得和別人不一樣。我的父母用平常心對待我。我的家人用平常心對待我。我的朋友也用平常心對待我。直到上幼稚園的時候，我才終於體認到「現實世界」有多殘酷。我那時才五歲大，受到很大的衝擊，感覺就像是臉上被人重重地打了一巴掌。

第一天上幼稚園，我非常興奮。我已經長大了！我準備好要去挑戰世界了！到了學校以後，我看到有個小女孩獨自在玩，就走過去想和她一起玩，但她只是瞪著我看。我把她嚇壞了。

我當時認為這純屬她個人的問題。她走了以後，我繼續玩，剩下的積木（反正就是我們當時玩的東西）都是我的了。後來，下課的時間到了。我跑去和其他小孩一起玩溜滑梯，我一直都盼著從那座滑梯溜下來！但其他小孩看到我就跑走了。我以為這是因為我很特別。我以為我是那座滑梯的新貴賓，所以大家都把滑梯讓給我溜。這種情況持續了好幾天，最後我才搞清楚是怎麼一回事。我一定有什麼地方不對勁。別的小孩都覺得我不正常。他們之所以跑走，是因為他們害怕我，不是因為我很特別。

終於熬到上小學。我交了幾個朋友，他們會保護我，不讓我受到其他小孩的欺負。但隨著我年紀越大，情況就越嚴重。上初中的時候，我排著隊，做著我自己的事情，經過我身旁的小孩會嘲笑我，或是對我指指點點，或是跟朋友交頭接耳。後來，他們開始辱罵我。我的弟弟妹妹都可以去主題樂園或是小朋友喜愛的「查克起司」餐廳（Chuck E. Cheese's）玩，但我不能去，因為別人都會一直盯著我看，把我當異類。不只小孩會盯著我看，大人也會。小孩子總是會目不轉睛地看著不一樣或是沒見過的事物，但大人其實也會。我不認識的人會跑來質問我的父母，為什麼不給我吃飯。有的醫生會連病歷也不看，劈頭就問我到底是得了哪種「飲食疾患」（eating disorder）。

因此我變得沮喪憂鬱，比一般十三歲的女孩更情緒化。我對世界感到極度憤怒。我想要向全世界證明他們錯了，但沒有人給我這個機會。後來，我進了高中。再來，我就在網路上看到「那段影片」。那段影片只有八秒長，只是拍了我的樣子。但那段影片有幾百萬人點閱，底下還有幾千條評論，影片的名稱是「世界最醜女」。

我把每一條評論都看完，其中沒有一條好話。我不想告訴父母這件事，我不希望他們也受到傷害。我養成了洗澡時躲在浴缸裡痛哭的習慣，因為這時沒人看得到我，我就這樣瞞了好一陣子。

最後，我鼓起勇氣告訴我的爸媽。我們設法讓那段影片下架，但發布影片的人拒絕我們的要求。他說無論如何他都會繼續發布那段影片，他保證那段影片會如影隨形地跟著我。他說他永遠都不會放過我。如果不管怎樣我都會被人嘲笑，那我就納悶了，我幹嘛要辛辛苦苦地當我自己。我想要把我的鍵盤狠狠地往地上摔，我想要反擊。我認真考慮要不要也來霸凌別人看看。

但我沒做。

化悲憤為力量

如果你曾被霸凌，你就會懂得那種只想要放棄的感受。你已經反抗過了，但是一敗塗地。你無力改變別人的想法，倒不如接受事情就是這樣。我幾乎就要屈服了。

這時，我突然閃過一個念頭。我到底想要由誰來定義我？是由我的目標和成就來定義？還是由那些只會以貌取人的人來定義？當然，我以前會禱告讓我看起來能夠和正常人一樣。我希望我去浴室洗澡的時候，能夠把我的病洗刷掉，讓我變成正常人。但這種事情不會發生。

這也沒關係。

我終於明白，我的病不能阻擋我。我要接受人生中最慘痛的經驗，想辦法將它轉化為奮鬥前進的力量。我決定用我的成就來反擊。我向天主禱告，如果祂讓我得這個病是有道理的，那祂就要告訴我，我應當做的事情。我就是從這時開始演講，從這時開始接觸和我一樣曾被霸凌的人。我知道我想要運用自身經驗去幫助其他人克服傷痛。

遭受重大傷害之後，我就像被那段影片重重蹂躪過，要想重新站起來繼續往前走，可能比登天還難。「咬緊牙關挺過去」、「事情會好起來的」……，用嘴巴說是很容易啦。事情是會好起來，但你要努力奮鬥才行。要記住，除非你開始愛自己，不然你是無法好好享受你的人生和使命的。一直等到我終於對真實的自己產生自信之後，一切才開始明朗。我在《追求美麗，做你自己》這本書中提到，你喜歡自己的哪些部分，請一一列出來。如果你已經列了，那很棒。如果你還沒有，現在就開始列吧。把這張清單懸掛在你看得到的地方。但是不要讓這張單子來定義你、限制你。我的頭髮很漂亮，就算我很愛它，它也僅僅是我的頭髮而已。即使是正面或中性的標籤，可能也會限制我們，讓我們到不了應該去的地方。

假設你酷愛閱讀，自封為書癡。這讓你很自豪。你的朋友要是想看書，都會找你推薦幾本。書癡雖是你這個人的一部分。但這意味你不能同時也喜愛音樂嗎？或是排球？或是天體物理學？或是就算你想要痛痛快快地看一個星期電視，完全不翻任何一本書，你也不能這樣做？絕對不是。

假使你自認是運動狂人呢？你熱愛運動。甚至計畫申請獎學金，進大學以後繼續打球。但這意味你不能同時也加入辯論隊嗎？或是寫詩投稿文學雜誌？或是結交不是運動員的朋友？絕對不是。

我們都不僅僅是我們自認或是周圍的人所認定的那樣。我們會改變和成長。

你會想在只提供一種菜色的餐廳裡用餐嗎？還是你想要有多樣的餐點可以選擇？如果你的答案是肯定的，你想要有各種選擇，那就不要限制自己只點一樣配菜。你是一份全餐，有好幾道主菜，還有各式各樣的配菜，只要你喜歡，永遠都可以添上更多菜色。

把你曾經被貼上的標籤都列出來。然後，劃掉這些名稱，寫上自己的名字。

麗姿曾經被貼上的標籤：

世界最醜女　麗姿

畸形　麗姿

激勵講師　麗姿

啦啦隊長　麗姿

天主教徒　麗姿

網路紅人　麗姿

你曾經被貼上的標籤：

這些標籤或許描述了你所做或你所相信的事情。有些標籤可能很正面。有些標籤可能是你必須要克服的事情。但沒有哪一個標籤能夠代表你所有的一切。雖然我很想要撕掉所有的標籤，但我心裡清楚這很可能是辦不到的。別人要給我貼標籤，我也沒辦法阻止。

我很希望能夠看到一篇談論我的文章，通篇都不要提到「世界最醜女」這個標籤。我著實不希望這個標籤變成我名字的同義詞，但我知道它十分引人注目。或許我不喜歡這個名稱，但它能吸引人們的注意力，讓他們產生興趣，進而認真聽我說話。如果我每天都不得不經歷令我難堪的事情，那我也要證明給其他曾經被貼上標籤、曾經被霸凌的人看，這種事情真的熬得過去，可以嘗試把這些悲慘經驗轉化為奮鬥前進的力量。只要你不放棄，事情就有可能會好起來。我的標籤或許沒法選擇快樂，但我（麗姿．維拉斯奎茲）可以選擇快樂！不管我是成功的激勵講師，還是世上最醜的女人，我都可以選擇快樂！

檢討反省：

回想一個你曾遇過的霸凌經驗（不管是你的或別人的）。這個經驗帶給你什麼樣的感受？

你是為了什麼事物（或誰）而堅強？

有哪些事情是你想做，卻因為身上貼的標籤，而覺得自己不能做？

你想要成為什麼樣的人？

趕快去做吧！

下次看到你覺得應該認識但卻從來沒有交談過的人，就聽聽看這個人有什麼話要說吧。如果你曾經聽過這個人的傳言，不要讓這些傳言影響你對他的看法。就讓這個人親自告訴你他是什麼樣的人吧。

以霸制霸？

不可復仇，對你本國人，不可心懷怨恨；但應愛人如己。我是上主。

〈肋未紀〉19章18節

我努力了很久很久，才總算克服了霸凌問題。即使到現在，我仍在處理這件事情。在我 YouTube 的影片下方留言或是寄發電子郵件給我的人，並非每一個都是親切善良、來幫我加油打氣的。霸凌永遠沒有停止的一天。我得拚命努力，才有辦法拿這些事情來開玩笑。我剛出生來到這個世界的時候，甚至不知道世界上有霸凌這玩意，如今我知道，這是我這輩子每一天都要面對的殘酷現實。

寫這本書的時候，我才注意到網路上正流行一種「新玩法」，它比「那段影片」更殘酷。有人會把他們對著網路上我的照片做鬼臉、假裝嘔吐、驚聲尖叫，以及所有你能想到不雅、刻薄的動作拍攝下來，再把影片上傳到網路。如果你們認為我現在應該已經習慣這些事情了，或是我應該視而不見，把網路線拔掉不要看就好了。那我要跟你們說，這沒那麼容易。這種事情不是你可以輕易甩掉的。但我之所以講這個故事，並不是要介紹這種新玩法。

我有很多很多粉絲，我愛他們每一個人。我之所以做目前在做的事情，主要是為了他們。就是有這群人存在，讓我的一切辛苦都值得了。有一大群人在我的背後支持我，讓我倍感溫暖。一旦我的粉絲發現有無聊份子來騷擾我，他們就會群起捍衛我，霸凌那些霸凌我的人。

有這麼多人願意挺身而出捍衛我，我十分感激，但是無論如何，霸凌都是不對的行為。我們不該做這種事！我們應該互相扶持，而不是以霸制霸，我們不需要和他們一樣沉淪墮落。你可以認命忍受那些惡毒的留言，但你也可以選擇仁慈對待傷害你的人，後者確實很難做到，但這才能證明我們比那些人更強大。我希望我的粉絲們只為我做一種反擊，就是用我們的成就、我們的成功、我們的禱告和我們的互相扶持來反擊。

但是，事情根本不應該發展到這個地步。我們應該努力創造不會助長霸凌的社會風氣。

我們可以做哪些事

所以，我們應該如何著手？

1. 就算你沒有生病，別人也應該仁慈待你

我認為我的病是天主的賜福，因為它讓我能夠去做我喜愛的事情，並對別人做出貢獻，但在世人關注不到的地方，仍有不少人正遭受霸凌，他們也需要協助。我不希望我的支持者只會挺身保護我，我希望他們也能夠互相保護。我們理應對

彼此好言相向，我們理應捍衛彼此，讓大家知道霸凌是不對的行為。我很希望我的支持者、聽眾和讀者能夠走出去，和沒有人要跟他坐、沒有人要跟他同一組、只能在網路上說話的孩子說：「我愛你」、「大家理應好好待你」。每一個人都有他自己的故事，讓我們花點時間去瞭解。

2.勇於開口

當我們談到「差異」或「不同」的時候，我們經常用含糊不清的字眼來討論。這些事情我們全都明白，但我們不敢討論，因為這類對話可能會讓人覺得很不舒服。但我要說，就大大方方地談吧！把所有的一切都攤在陽光下。我們就開誠布公地來討論，到底是哪些事情讓我們有所不同，我們又可以從彼此身上學到什麼。每一年的開學日，我的父親都會帶我走進新教室，向同學們說明我的病情，和他們解釋為什麼我長得和他們不一樣。同學們不管有什麼問題都可以直接發問，我會坦誠回答，溝通完之後，大家就會認為這件事沒什麼大不了的。同學們不需要竊竊私語，因為我的態度是開誠布公、坦坦蕩蕩的。

3.正面看待事物

我的右眼瞎了。這件事情以前很困擾我。我第一次參加一場視障研討會時，我們每個人都拿到一個名牌，名牌上的字體大到就算你站在會場後頭，也還是看得很清楚，名牌背面還用點字印上我們的名字。因為我的左眼還看得見，所以我能夠讀出每一個人的名字。在現場我看到一群和我年紀相仿的人，就走過去和他們聊天，因為我看得見他們的名牌，所以就很自然地用他們的名字來稱呼他們。然後，他們當中有一個人率先大喊：「喔，你看得見。」我不假思索地回答：「只有一隻眼睛看得見啦！」這是我第一次認真思考我只有一隻眼睛看不見的事實。實際上我還是看得見。我是很有福的。有時候，我們只需要「用正面的態度來看待不好的事情」這種能力就可以了。

4. 身邊要有許多積極正面、對你有益的人

不管你是正在被霸凌或是被排擠，你身邊的人決定了你會如何面對這件事情。如果你周圍的人，只有在欺負人的時候才會感覺良好，那你很可能也會去霸凌別人，不管你明不明白其中的關聯。如果你身邊都是積極正面的好人，那你就擁有強大的支柱。要不是有朋友、家人和信仰的支持，我要達到今日的成就，可能是難上加難，或許根本就不可能辦到。

5. 提高標準

當別人告訴你這是你應得的，不要這樣就滿足了。有時候，別人會因為我很弱小就懷疑我的能力，我很喜歡這種時刻。有時候，我們會想要證明他們看走了眼，這對我們是很強大的激勵。我們需要這種刺激，好讓自己爬起來，繼續往前走。你越相信你辦得到，會跟你說你辦不到的人就越少。我們也應該提高對待別人的標準。像是弱者、病人、身障人士、和我們不一樣的人以及其他特殊的人，雖然

比較弱勢，但並不表示我們就不應該對他們有所要求。我們也應該對霸凌者有所要求。我們應該要求每一個人都必須仁慈、有同理心。霸凌者沒有免責權。

6. 沉默不是金

不管你是正在被霸凌，或是知道有人會霸凌，或是看到有人正在霸凌別人，千萬不要默不作聲。把這件事告訴你的師長、父母、指導老師、朋友，或是其他你所信任的人。我以前一直認為，如果我跟別人說我在學校被霸凌，那我就是在打小報告或是告密。如果我告訴爸媽或是老師，那我就是在做壞事。但這不對！不管霸凌者怎麼說，你的人身安全本來就該得到保障，別人本來就該尊重你。

我們都聽過那句古老的諺語：「棍棒和石頭也許會打斷我的骨頭，但言語永遠無法傷害我。」但這句話說得不對，言語會傷你的心。有時候，言語比行為更傷人。因為言語是會激怒人的。

「抱歉喔，我沒有惡意……」

玩笑開得太過火的徵兆：

- 有人因為不想被取笑就不去上學了。
- 開玩笑的總是同一個人，只有他一直在取笑同一件事情。
- 開玩笑的人並不是被取笑的人的朋友，和他也不熟。
- 開玩笑已經逐步升級為肢體暴力、威脅、殘酷的網路留言了。

你不知道別人正在經歷什麼事情，你覺得好玩，只是無傷大雅的玩笑，但這可能會毀掉別人的人生。我當時覺得「那段影片」就要毀掉我了，但我竟然還能堅強以對（我的支持系統幫了很大的忙），這讓我感到很訝異。我那時有兩條路可以走。一條是反擊、報復，或者也去霸凌別人，另一條是快樂起來、堅強起來，好好過日子，用我的成就來證明一切。天主賞了不少困難和障礙給我，命我去挑戰、征服，而這都是為了讓我變得更加強大。

回到這一節一開頭我告訴你們的故事吧，我現在知道我很強大，足以應付別人對我的霸凌。或許我還是會受到傷害，但這也是個大好機會，我可以藉此實踐我所宣揚的道理。沒有人真的清楚別人的人生發生了什麼事，或許他們也曾經遇到我們所遭遇的霸凌。所以，我才沒有把我的鍵盤狠狠地往地上摔，也沒有以牙還牙、以眼還眼。我不想霸凌別人。我不希望別人和我一樣受到傷害，即使在當時（在事情最嚴重的時候）來看，他們是罪有應得的。

不管是在現實生活中或是在網路上遇到霸凌，你都可以嘗試用積極正面的態度來回應，以下是幾個辦法：

- **視而不見。如果回應對方會令你火冒三丈或是傷心難過，那就不要浪費時間去回應。**

● 叫他們不要再盯著你看，開始唸書吧。

● 為他們禱告。但不是用挖苦諷刺或是「希望他們有報應」的方式來禱告。要真誠地禱告。

● 告訴他們不管他們的人生遭遇過什麼樣的傷痛，你都希望他們明天會更好。

● 拔掉網路線、遠離電腦。當網路上的霸凌變得白熱化的時候（相信我，我是過來人），你唯一能做的事情是，離開網路一陣子，不要沉溺其中。我向你們保證，和他們爭辯到底只是浪費時間，一點都不值得。

檢討反省：

你在哪裡看過霸凌？

你能夠做哪些事情來改善情況？

你能夠做哪些事情來改善你所處的環境（或網路）？擬訂一份行動計畫。

你可以利用社群媒體來做哪些好事？請一一列出來。

趕快去做吧！

一條負評就足以把人推下萬丈深淵，但一條好評也可以把人從萬丈深淵拉回來。今天就說點好話吧！不管你使用哪種社群媒體，或者不管你在什麼地方，今天就告訴某人，你覺得他很棒吧。

第四章

友情與愛情——遇到生命中對的人

兩人勝過一人，因為兩人工作，酬報優厚。若一個跌倒了，另一個可扶起自己的同伴。哀哉孤獨者！他若跌倒了，沒有另一人扶起他來。

〈訓道篇〉4章9～10節

朋友一生一起走

交朋友過多，必會有損害；但有些朋友，遠勝親兄弟。

〈箴言〉18章24節

中午獨自一人用餐；週五黃金夜沒有邀約只能待在家裡；從來都沒有談過戀愛；找不到人和你分享祕密……，我們每一個人多少都有這些合乎常情的恐懼，而這些也全都是我所恐懼的事情。另外，我還害怕別人看到我的時候，無法忽視我的外表，無法看到真實的我。我花了很長一段時間才總算結交到一群好朋友，在朋友圈裡找到自己的定位，我終究找到了一群很棒、很支持我的朋友。和朋友相處的回憶，花在電話熱線上的時間，一起笑得樂不可支，甚至是痛哭流涕……，唯有共同經歷過這些事情，才算是經得起考驗、堅固不摧的友情。

我是這樣交朋友的，起初我會在自己也沒察覺的情況下，就像膠水一樣，黏在那個人的身邊。在我的想法裡，只要我能交到一個很棒的朋友，我就不用再交別的朋友，這樣一來，我就可以把必須結交其他朋友的煩惱和恐懼都拋到腦後了。只要有那樣一個人，有那樣一個朋友，我就不用再去外面找別的朋友，也不用再冒著可能會被其他人拒絕的風險了。事實上，在我年紀更小的時候，我的朋友就和我的私人保鏢差不多。他們會保護我，不讓別的小孩欺負我，他們會告訴其他小朋友，即使我長得和他們不一樣，我的本質還是和他們相同。

我以前經常在夜裡禱告，祈求天主賜給我一副正常的容貌，還要賜給我幾個朋友。我想和電影演的一樣，有幾個好朋友作伴。

在我的幻想裡，我擁有幾個可以一起過夜的好朋友。我們會通宵熬夜，大啖垃圾食物、跳舞、扯破喉嚨放聲高歌、電影一部看過一部，反正就是所有那些電影和電視劇演的、好朋友會一起做的事情，那些看起來完美無瑕的事情。但在現實生活當中，友情有時看起來完全不是那麼一回事。我們或許會和某幾個朋友一起過夜，然後和另外幾個朋友一起去踢足球，而上學的時候，又會和全部的朋友一起廝混、玩鬧。現在回想起來，我發現我總共有三群截然不同的朋友。我著實相信，我的生命當中之所以有這三群朋友是有其理由的。他們不只是我信賴有加的朋友，也在很多方面教導我，他們教了我很多道理。

我的第一群朋友是我在六個月大的時候結交的，當時我還只是一個大眼睛、捲頭髮的小女嬰。那時候，我媽必須把工作辭掉，留在家裡照顧我。她希望用撫養正常孩子的方式來撫養我，所以她認為在照顧我的同時，可以兼著擔任幾個小孩的臨時保母，這樣我就能夠學會和其他小孩相處的基本技能，其中一樣能力是分享玩具，根據我媽媽的說法，我不是很喜歡這個能力。我的表姊妹妮琪和安潔莉卡（我都叫她小潔），是我出生到這個世界以後，首先認識的兩個最要好的朋友。我比她們矮小很多，但如果你看過我們家以前拍攝的家庭錄影帶，你就會驚訝我這個人有多專橫。如果她們想要玩我的玩具，我就會很惱怒，並規定她們只能在特定時間借玩一下。現在回想起來，我們三人當時都還很小，根本不知道時間的意義，但妮琪和小潔總是同意按照我的意思做。

我媽一直照顧妮琪和小潔，直到我們都上了初中為止。要上初中這件事，讓我們很難過，因為我們就要分開，上不同的學校了，我們必須學著習慣以後不能時時刻刻都在一起的日子。三劍客當中的兩劍客以後就不在我的身邊了，這種感覺很奇怪。接著，每一年我們都很期盼暑假快點到來，這樣她們就可以每天來我家玩，而我媽媽也總是會為我們安排最好玩的活動。現在想起來都覺得好笑，我記得她們要來我家的前一晚，我會把客廳劃分成幾個不同的地盤，我也會為她們擬訂進度表，讓她們照著做。但我是哪根蔥啊？不過，我很高興，即使我那時很愛發號施令，她們還是很喜歡我。

我們三人一起度過不同的人生階段。有一個階段我們稱之為「金剛戰士」（Power Ranger）時期，那時候，我和小潔為了誰當「粉紅戰士」（Pink Ranger）大吵了好幾架。還有一個階段我們稱之為「超級男孩」（'N Sync）時期，那時候，我們都很迷戀那個男子偶像團體的成員，我們老是在懇求父母帶我們去看他們的演唱會。其中我個人最愛的兩個階段是「小間諜哈瑞特」（Harriet the Spy）和「辣妹合唱團」（Spice Girls）時期。翻拍小間諜哈瑞特的電影《超級大間諜》和「辣妹合唱團」主演的電影，我們看了無數次，看到我媽媽終於受不了，偷偷地把錄影帶藏起來。我們三人花了很多時間看電視，仔細研究如何打扮成那幾個辣妹的模樣。我們買「辣妹合唱團」風格的服裝來穿，把她們的暢銷歌曲和編排過的舞步都記下來，於是我們就自己組成一個女子偶像團體了。然後，在忙著追逐最新的流行資訊和名人之餘，我們會效法小間諜哈瑞特，帶著作文簿和黑色墨水筆，暗中監視我們的父母。

對於我這輩子交過的每一個朋友，我都非常感激，但到目前為止，妮琪和小潔是我心目中地位最特殊的兩位好友。我和她們有著深厚的交情，而我最佩服且最感謝她們的是，在我們的成長階段，我們從來沒有談過我的病情。這件事從來不曾出現在我們的對話當中，她們從來不曾好奇為什麼我長得和她們不一樣。對她們來說，我就只是麗姿而已。我也不會為了外界來改變我自己。天主保佑，我在出生沒多久，就交到她們這樣的朋友，所以，當我開始與外界接觸，當我開始結交新朋友，我就很有自信，確信我的病不會構成妨礙。如果我已經認識兩個對我的病視而不見的人，那我知道一定還有更多人和他們一樣。當然，有些時候我還是不免有所懷疑，但擁有這兩位最好的朋友，讓我的艱苦人生輕鬆許多。

把握機會

我很幸運，在很小的時候就交到好朋友，但就和別人一樣，我有一段時間還是感到很孤單。上小學的時候別的小孩都很怕我，因為我長得和他們不一樣。我需要鼓起很大的勇氣，才有辦法走上前去，問他們可不可以一起玩。我曾經被孤立、排擠，但我其實可以理解。因為小孩子總是會盯著不一樣的事物看，看到不一樣的事物，他們不知道應該作何反應。這很傷人，不過，我的年紀再大一點時所碰到的事情更傷人。初中才是最悲慘的階段。別人會對我指指點點，和他們的朋友竊竊私語。他們是故意對我這麼殘忍的，並不是因為他們不瞭解我，而是因為他們不想要瞭解我。我不僅覺得孤單，我還覺得被遺棄。這讓我想要罵人、責怪別人。

但責怪別人對於交新朋友沒有幫助，只會讓我變得更孤單、更憤怒。於是我決定把握機會，參加社團，向別人介紹我自己。我花了很多時間禱告，懇求天主賜給我朋友。當我年紀漸長也更有自信以後，我開始尋找能夠對待我像對待其他人一樣的人。我參加我能夠找到的每一個社團。即使我有一隻眼睛看不見，我還是為學校的年刊拍攝照片。即使我很討厭演戲，還是加入戲劇社（甚至還得了一座獎！）。一旦人們開始看到我和他們一樣，我就更容易交朋友了。人們樂於對我敞開心胸，而且一旦他們知道我這個人和我的故事，對我指指點點和竊竊私語的人就少多了。雖然事情沒有徹底解決，但已經好多了！

你或是你所認識的人會覺得孤單，這有好幾個原因。或許你和我一樣，一直受到同學的霸凌；或許你才剛到新學校；或許你和你的朋友們必須分開上不同的大學；或許你必須為了你的第一份工作搬家，遠離所有的家人與朋友。這種滋味可能會讓人很難受，就如同這個世界上只剩下你一個人一般。但如果我、妮琪和安潔莉卡，從小到大都上同一所學校，那我可能永遠都不需要擴展我的活動範圍和興趣，也永遠都不會知道我能夠變得多強大。我可能交不到許多超棒的新朋友，也可能會錯過很多可以和他們一起做的樂事。如果有更多我認識的人與我同上那間大學，那我或許永遠都不需要跨出我的舒適圈，也永遠都不需要在大學裡結交新朋友。

不過，感到孤單有時是更複雜、更難處理的，不只是離開老朋友、接觸新事物這麼簡單。但事實上，這種孤單可能是最容易解決的。我這個人不能離群索居。即使我的老朋友不能在我身邊，我也喜歡和別人在一起，所以我看到喜歡的人就會走過去向他介紹我自己，這對我不是難事。但有時候，即使我的身邊圍繞著朋友，我還是會因為別的一些理由而覺得孤單。顯而易見，我的病就是最重要的原因。我之所以感到孤單，是因為在認識的人當中，我是唯一得這種病的。我覺得沒有任何人能夠理解我所經歷的事情。之所以覺得孤單，是因為我覺得自己和別人不一樣。我很想和大夥打成一片，但我覺得我的病讓我永遠都沒辦法真正地融入其中。

不過，當我開始演講，開始談論我的病以後，我才發現我沒有原本以為的那麼孤單。這個世界上，還有另外兩個人（也只有兩個）罹患我這種病。但我想每個人多少也都經歷過我所經歷的一些事情。

- 有多少人曾經看著鏡子，希望看到的是另一張臉？
- 有多少人曾經覺得自己被排擠？
- 有多少人曾經覺得沒有男孩子（或女孩子）想跟你談戀愛？
- 有多少人曾經擔心過未來？
- 有多少人曾經被辱罵或嘲笑過？

我敢打賭，在這幾項裡面，就算不是全部都中，你們最少也會中個一項。這表示，我們任何一個人，都沒有我們自以為的那麼孤單。

不要自己一個人待著，看看有沒有人也是獨自用餐或是自己一個人坐，走過去跟他打招呼。找一個你有興趣的社團報名參加，看看社團裡還有誰是跟你志同道合的。中午用餐的時候，如果看到一群人聚在一起，就走過去問可不可以加入他們。你會很驚訝，他們的答案經常都是「好啊！」如果他們拒絕呢？反正你也不會想跟這種人當朋友或是一起玩，所以就無所謂啦。如果你還是需要別人幫你加油打氣，那就打電話給早就知道你很棒的老朋友們，和他們聊聊你現在的感受。這麼做可以提醒你，他們還是很支持你的。

還有，如果你已經交到一群很棒的新朋友，也不要忘記和老朋友保持聯絡。上初中的時候，我不得不和我最要好的兩位朋友分開。上大學的時候，我又不得不離開我的朋友們，徹徹底底地從頭來過。如今我經常四處奔波，經常覺得自己好像永遠沒有機會好好在家待著。這些情況讓我很難維繫和老朋友們的感情。我實在忙得不可開交！不過，這個藉口很爛，無法和他們經常保持聯絡，我自己也要負責。

不要總是用網路和朋友們聯絡，就算一個月只有幾次，也要打電話給他們，或是約他們一起吃午餐。出門和他們敘敘舊吧，你總要有所付出才行。我們經常認為自己實在太忙了，所以老朋友應該主動跟我們保持聯絡才對。我們沒有時間打電話給他們，但不知道為什麼，我們竟然會認為他們應該要主動打來。請不要掉進這個陷阱裡！真正的友誼不是理所當然地認為朋友能夠為你做什麼，或是應當為你做什麼。真正的友誼是雙方都要為彼此付出。這也是人生當中另外一件我們必須做出選擇的事情。我們可以選擇和朋友們漸行漸遠，哀嘆都沒有人打電話給自己；或者，我們也可以選擇積極付出，經常和朋友們保持聯絡。

誠實以對

不過，不管這件事會發生在我們上初中、高中、大學還是更晚的人生階段，我們會和朋友斷絕往來。有時候是因為很正當的理由，有時候是因為很愚蠢的事情。但有件事情很重要，一定要牢牢記住，把過錯推給別人是於事無補的。壞事會發生，朋友會絕交，但這不能把所有的好事都抹煞掉。你可以把只有你們聽得懂的笑話和難忘的時刻，好好珍藏在心裡，不要忿忿不平地指責朋友，都是他把事情搞砸的。事實上，如果你們的友情出現裂痕，只要做到以下這些事情的其中幾件，或許就能夠幫你挽回你們的好交情。所以，如果你覺得和某個朋友開始漸行漸遠，但問題並不是出在上一節所說的原因，那麼你可以做做看以下這些事情，或許能夠挽回你們的友誼，也或許能夠讓你們心平氣和地分手。

1.承認自己的錯誤

你有沒有做錯事造成你們之間的關係緊張？要勇於承認。在情況惡化之前先道歉，告訴朋友以後你不會再犯同樣的錯了。如果他真的是你的朋友，那他就會樂於接受你的誠摯道歉，把這件事情放下，繼續當朋友。事實上，或許他只是想要你的道歉而已。

2.樂於寬恕

這是第一點的相對面。如果你的朋友真的對你很抱歉，你也要樂於接受他的道歉，把事情談開繼續當朋友。但這並不表示你一定要逆來順受。如果你的朋友一直對你很不好，或者老是表現得好像他比你更重要，那你就該跟他絕交了。

3.和朋友好好溝通

如果你的朋友做了惹你不高興的事情，而他又不打算收手或是道歉，那你就要鼓起勇氣和他溝通。不要指望他先來跟你溝通。他或許壓根兒沒發現他所做的事情，已經把你惹惱了。在情況變得無法收拾之前，先找機會和他好好談談，免得你們的友情最後以大吵一架告終。

4. 聽聽外人的看法

有時候旁觀者清，你的其他朋友和家人或許在你察覺之前，就已經發現你跟某個朋友的關係有問題。他們之所以比你更容易看清楚，是因為他們不會被你們一起度過的美好時光所蒙蔽。他們能夠察覺你的朋友有什麼樣的改變，更重要的是，他們能夠察覺你因為這個朋友的關係，做出了什麼樣的改變。如果有人跟你說他對你們這段友誼（愛情）很擔心，那你就該退後一步，好好檢視一下你和這個人或這群人在一起的時候，你會不會覺得很委屈，你所當的是不是最好的你自己。

5.不要做會讓你覺得不舒服的事情

我曾經和一群朋友斷絕往來，只是因為其中有個人認定我們的友誼不值得維持，這讓我有點不舒服。這些朋友曾經對我很好，我也沒有發現我們之間有什麼問題。但我那時候並沒有設法挽回。不管你的朋友所做的是孤立你或是別的事情，只要這會讓你覺得不舒服，你都要勇敢地說出來。如果你的朋友沒意願傾聽，或許這就不是一段健全的友情。

一段友情，需要有兩個人才能成立。就像你和生命中的「重要他人」（significant other），如父母、其他長輩、手足、朋友或同儕等，所建立的關係一樣，如果一段關係都只有一方在努力維持，這段關係早晚會破裂。要勇於承認自己的錯誤，勇於溝通，並努力維繫。如果另一方不願意配合，那你就該跟他絕交了。

檢討反省：

在我的生命當中，我不能沒有哪些人？

為了和老朋友保持聯絡，我有做過任何努力嗎？

我曾經看過哪個人總是獨來獨往，看起來卻像很渴望有朋友？

我曾經嘗試認識他或是和他交朋友嗎？

趕快去做吧！

本週要跨出你的舒適圈，報名參加一件你一直想要做的事情，即使這意味你必須自己一個人去，且必須認識新朋友。如果你已經有段時間沒和某個老朋友聊聊了，那就趕快跟他聯絡。約個時間出去敘敘舊吧。

耐心等待有緣人

論望德，要喜樂；在困苦中，要忍耐；在祈禱上，要恆心。

〈羅馬書〉12章12節

一直有人（尤其是我的死忠粉絲們）問我一個問題：我有沒有男朋友？答案是沒有。現在沒有，但關於男孩子，我有很多故事可以講。你絕對不會相信！我在TED演講的影片在網路上爆紅之後，收到了以前喜歡過的三個男孩傳來的簡訊，那時我已經好幾個月沒有他們的消息了（一、兩個甚至是好幾年沒有聯絡了）。我回給他們的第一條簡訊是：「為什麼現在才找我？」如果他們的回覆不夠真誠，那我就會警覺到他們一定有問題。

為什麼？

因為有些人其實並不想和你在一起，卻會被你的見解或他以為可以從你身上撈到的東西所迷惑，所以不值得把時間浪費在他們身上。這種感情從一開始就註定會失敗。那你為什麼還要開始呢？

我更年輕的時候（呃，就是我上高中的時候），真的很希望能夠有男孩子看上我。當我的朋友們開始交男朋友，而班上的男同學也注意到她們時，我也會想和她們一樣。我希望男生注意我。也想知道有人會用「那種方式」關心我。我那時認為如果我能夠交到男朋友，或是有男孩子開始迷戀我，那就代表我真正融入大家了。我覺得如果感情方面也能夠按照我的想法來發展，那我和其他人就沒有那麼大的不同。這代表我是他們的一份子了。

當我的朋友都已經交到男朋友，我卻連影子都沒有，這讓我覺得很難過。我認為這表示我不配擁有愛情，我一定有問題。在我的人生當中，感情方面始終是我堅強不起來也解決不了的大難題。但我終究發現（相信我，我是費了好大一番功夫才領悟到的），我之所以想要擁有愛情，骨子裡最重要的一個原因是我自己做不來。我沒辦法愛自己、欣賞自己，所以我認為我需要找個男人來為我做這件事。

為了得到男孩子的青睞，我費盡千辛萬苦，關於這點，我想所有曾在高中時期為了吸引男生注意而使出渾身解數的女生們，一定都能感同身受。不過，對我來說，總是比別人多了一個步驟，而這多出來的步驟，甚至害我更難說服自己我是值得擁有愛情，或者我在愛情方面是能有斬獲的。對正常的青春期戀情來說，一開始的最大障礙是如何得到某個男生的青睞，並且確定那個男生是用你喜歡他的方式來喜歡你。這種青澀的戀情很混亂、很複雜，有時候我們會懷疑這一切是否值得。但對我來說，這是第二個障礙。第一個障礙是要先讓男孩子知道我很正常，要讓他對我的病容視而不見，只看得到真正的我。這對一名高中生來說，是難如登天的障礙。

經過了多次的禱告、自我反省，人生歷練也更多以後，我終於明白，愛自己、欣賞自己，是我份內就做得到的事情。沒有談戀愛並不表示，你比那些談過戀愛的朋友不值得被愛。就因為你長久以來一直都是孤家寡人，並不意味只要有阿貓阿狗來跟你告白，你就應該欣然答應交往。花了許多年觀察別人的感情生活，自己也有些許經驗之後，我終於領悟到，只因為你想要「談戀愛」就嘗試交往，根本是在浪費時間，而且分手的時候通常都會受傷慘重。

選擇正確的時機

我要告訴你們一個祕密。其實我很希望以前就有人告訴過我，這樣我就不用浪費大量的時間在心碎和煩惱了（不過，如果我不是自己得出這個結論的話，就算別人告訴我，我或許也不會相信）。先在自己的身上做工。我們都應該少花一點時間等待真命天子出現，應該多花一些時間在正確的時機上。我浪費了太多夜晚來祈求第二天就會有白馬王子出現，以致於我忽略了我所擁有的其他一切。我把我的願望清單告訴天主，但我卻沒有認真聆聽祂的回應。我沒有耐心地等祂對我說時候未到，或者我就是當作完全沒聽到。

從此以後，我開始在自己的身上做工。我開始愛自己、欣賞自己。我開始努力改變自己，努力變成我想要成為的那種人，這樣當我遇到真命天子的時候，就能夠以自己期待的樣子登場。我也很期待，因為我知道天主也在做工，祂也在幫我留意適合我的真命天子。只要最終能夠找到心目中的白馬王子，我會樂於等待，也很樂於保持單身。而且，在我耐心等候的同時，我瞭解到天主也在我的身上做工，祂讓我變得比以前更出色了。而我也開始問自己幾個很難回答的問題，我認為我們在答應和某人交往之前，都應該先問自己這些問題。

1. 我適合在這個時候談戀愛嗎？

以前有段時間我很想談戀愛，因為我的朋友都在談戀愛，所以我覺得我也想要談戀愛。但就算那段時間適合別人談戀愛，並不表示那也是適合你談戀愛的時間。我樂於保持單身。目前這個階段，我就是自己的頭等要務。這也不賴啊！

2. 你的真命天子（或真命天女）適合在這個時候談戀愛嗎？

你是想跟一個期待你為他做牛做馬的人談戀愛呢？還是想跟一個會花時間改

變自己、對真正的自己很有信心的人談戀愛呢？真命天子是值得你耐心等候的。寧缺勿濫，千萬不要和爛咖交往。

3.我有沒有辦法花時間、花力氣來經營我想要的那種感情關係？

要對自己誠實。你的首要任務是什麼？如果你還在上高中，而你的首要任務是上一所好大學，這並不表示你就不能與人約會或是結交男女朋友，但這的確表示你目前不應該談那種以結婚為前提，首要任務是找結婚對象的感情關係。

4.如果現在談戀愛的話，對另一半公平嗎？

我的優先順序是上學、工作、發掘自己更多的潛力嗎？如果你之所以談戀愛，只是因為想談個戀愛，其實根本抽不出時間來陪你的另一半（而且也不願意擠出時間來陪他），那你不是需要更改你的優先順序，就是要放手不要耽誤對方。

5.我想要有一個「重要他人」，因為只有我一個人，我就不能愛自己嗎？

如果你是因為無法愛自己，才想要談戀愛，那你要做的不是談戀愛。你可以開始認識自己、愛自己，對真正的自己更有自信，而不需要讓其他人來告訴你。這或許是你該保持單身的理由當中最艱難的一個，但這麼做能夠帶給你最豐厚的回報。

6.這是我想要的，還是我的朋友想要的？

如果你之所以談戀愛，只有一個理由，就是你的朋友也都在談戀愛，那麼你必須花一些時間弄清楚你到底想要什麼。如果你發現其實你是想要一個人自由自在的，那也沒關係。你沒有任何問題。

當我回答完這些問題以後，得到幾個結論，這些結論讓我十分難受，但最終解放了我。我還是想要談戀愛，也想要建立自己的家庭……，總有一天啦，不是現在。目前，我全心全意奉獻給我的使命。我想要演講、寫書，把握更多能夠傳播我的訊息的機會，光是這些事情，就已經把我的時間都占滿，時間幾乎不夠用了。我現在沒有時間分配給我最終想要的那種感情關係。我會要求另一半付出全部的心力來經營我們的未來和感情，但我自己卻做不到。我想這麼對待我的真命天子嗎？

眼看我的朋友都已經結婚生子，而我還孑然一身，這讓我很難受，但也讓我更加確定我真的還沒有準備好。其實我沒什麼好抱怨的。我不想貿然行事，搞得自己悔不當初。我們都必須為自己做出正確的決定。當所有人似乎只關心你有沒有交男朋友的時候，要做出這樣決定可能很困難。如果你認為你之所以談不了戀愛，是因為你沒有你朋友漂亮，是因為你不夠有魅力、不夠特別，所以才得不到男孩子（或女孩子）的青睞，那麼要做出正確決定更是難上加難。但沒這回事。就像我很期待日後我將會遇見天主為我安排的真命天子，你們也應該期待日後將會遇見你們的真命天子或天女才對。而在這段期間裡，就好好享受單身生活吧！好好認識真正的自己，多方嘗試新事物吧。千萬不要一個人坐在家裡傻等啊。

檢討反省：

我是想要隨便談個戀愛，還是想要等待真命天子出現？

在我人生這個階段，我的優先順序是什麼？原因何在？

哪些人的感情關係是我心目中的好榜樣？

我目前的感情關係符合我對未來的規劃嗎？

☞趕快去做吧！

不管你是單身、有伴還是已婚，本週都要找出時間做一件只為你自己而做的事情。不要因為你想找個人來分享這些目標，就忘記他們其實是你個人的目標。

第五章

鼓舞——選擇快樂

我給你們講了這一切，是要你們在我內得到平安。在世界上你們要受苦難；然而你們放心，我已戰勝了世界。

〈若望福音〉16章33節

我是這樣長大的

你教導孩童應行的道路，待他老年時也不會離棄。

〈箴言〉22章6節

我在第三章提過，我有一個很強大的支持系統。在此，我想利用這個機會深入說明這件事情。不管今日的我有多成功，並不完全是我自己的功勞。天主知道祂應當怎麼做，所以祂把我送給了我的父母。當我出生以後，他們內心有多害怕，我只能用想像的。他們是新手父母，卻生了像我這樣的小寶寶。從我出生以後，醫生告訴他們，我永遠不能單靠一己之力做任何事情。我不能走路，不能說話，無法過正常人的生活。但我的父母還是決定把我留下來。他們說要帶我回家，好好愛我，盡他們所能來撫養我。

我的父母把我養得很好。我的體重從來都沒有超過六十四磅（大約二十九公斤），以嬰兒來說，我只有洋娃娃那麼大。一般嬰兒的衣服我穿太大，所以我的父母異想天開，他們拿「捲心菜娃娃」（Cabbage Patch Kids）的衣服給我穿，效果比他們想的更好，等我長大以後，還可以拿這些衣服給我的洋娃娃穿！除了很難買到合身的衣服，我還經常生病，因為我的免疫系統很差。我又不喜歡多休息，所以我的父母只好想辦法維持我的身體健康。不過，他們從來不會斷絕我跟外界的往來。總是有朋友或是表姊妹來跟我玩，每個人都把我當正常人看待。沒有人會可憐我，或是把我當作「如果我做其他小孩做的事，我就會碎掉」，這些作為對我日後進入所謂的「正常」世界有很大的幫助，即使我還生著病。

等我上學以後，情況變得複雜多了。圍繞在我身邊的，不再是那些只把我當麗姿看待的人。其他小孩不知道該如何面對我，而且他們往往很怕我。直到那一天終於到來，我終於開口問我爸媽，為什麼我和別人不一樣。他們早已準備好答案，而我之所以可以成為真正的我，多半要歸功於這一刻。我的父母要我坐下來，仔細解釋我的病情給我聽。他們沒有對我說任何一句壞話。他們不曾說「你永遠不能做……」，或是「你和別的小孩不一樣，是因為……」「你不能……」。他們只說：「你生下來就有這個病，但你就和其他所有人一樣。你是長得不一樣，但這並不表示你和其他小孩不同。」

我那時還問我爸媽，如果其他小孩不想跟我玩，或是嘲笑我、害怕我，我要怎麼去上學？他們告訴我，那就把下巴抬得高高的，臉上帶著笑容，抬頭挺胸走進教室。如果我表現出我沒有任何問題的坦蕩態度，並且證明給其他小孩看有我在會更好玩，那他們終究會用我看待自己的方式來看待我的。這並非易事，但我從我的父母那裡獲得了我所需要的力量，使我能夠鼓起勇氣繼續上學，而事情也終於好起來了。

向榜樣看齊

如果我不是由我的父母撫養長大，而是由別人養大，那我就不會成為今日的我了。他們影響了我的人格養成，也影響了我為人處事的態度。雖然我有病，但他們還是把我當成正常小孩來撫養。我的弟弟、妹妹出生以後，他們也對我們一視同仁。他們不會對我一套標準，對其他人又是另一套標準。人人平等，沒有誰比誰重要或不重要。我們都是一家人。他們用信仰來撫養我們，還教導我們，不管情況再困難，我們都要以仁慈和尊重的態度去對待每一個人。

我也從他們身上學到不少事情，我不太確定這些是不是他們本來就打算要教導我們的。我的父母從來不會正經八百地跟我說，我必須學習這些價值觀和道德規範，然後這輩子都要以它們為準則。我只是看著他們以身作則，然後就學會了。就在我開始寫這本書的不久之前，我媽媽生了重病。她原先只是去醫院做一個例行手術，卻因為醫療人員的疏失害她患病。大家一直叫我爸爸對醫院提出訴訟，但他只是搖搖頭，他說此時此刻我們最想做的事是，能夠看到我媽媽好起來。

這不是我的反應方式。如果是我，我會馬上拿起電話打給律師。我要讓對方付出代價。但如果我這樣做，我就會忽略我媽媽，但她可是受了重傷，需要家人照顧。我們應該永遠把她擺在第一位。家人至上才對。

如果我不是被我的父母養大，我也不會擁有幽默感。我花了很長時間，也做了很多努力，才終於能夠拿我的病和被霸凌的事開玩笑。我的父母總是說，任何時候碰到倒楣事，就痛快地哭一場，但哭完以後就要擦乾眼淚，站起來繼續往前走。你不能一輩子都在為自己感到難過。如果我沒辦法開自己玩笑。那我就不會是現在這個我了。如果我對身上發生的一切都大驚小怪、小題大作，那我或許永遠都沒有力氣爬下床，當然也沒有能力鼓勵別人為他們自己選擇快樂。

我從父母身上學到或許也是最重要的一件事情是信仰。我不知道其他方式。我信仰天主的過程，中間的百轉千折，其實更像是坐雲霄飛車。我一向相信天主存在，但我不是一直都喜歡祂。在我努力接受我的病的時候，也想要找人來怪罪，所以我就責怪天主。我恨祂不回應我的禱告，我恨祂不給我一張正常的臉蛋。我原本把這個病當作被下了詛咒，後來才慢慢改變想法，把這個病當成天主的賜福，這個過程其實很不容易。當我改變想法以後，情況並沒有好起來，但我不再覺得自己是在孤軍奮鬥了。任何時候我想要跟天主說話，我知道祂都會耐著性子聽我訴說。這已經變成我的第二天性了，只要一跪下來，我就會全然地順服天主。能夠把自己獻給神，是天大的禮物。如果沒有信仰，我就無法成為今日的我。是信仰讓我堅持下去的。

尋找榜樣

我知道我的命很好，我擁有開明、疼愛我的父母，他們給了我非常正面的身教。但不是每個人都像我一樣幸運。有些人或許需要往別處尋找能夠看齊的榜樣，或許你們也想嘗試成為別人的好榜樣，卻不知道從何下手。我從我的父母身上學到了這幾件事情，或許可以提供給你們參考：

積極正面

如果你遭受霸凌，那你所承受的負面批評應該已經多到一輩子都吃不消了。如果你是一名青少女（就和我當時一樣），或許你本來就已經很擅長對自己吹毛求疵。總是習慣往壞處想，就算眼前出現好事也看不到。總是聚焦在負面的事情上。作人家榜樣的人，應該能夠更清楚地告訴你如何選擇快樂。或許他們沒有辦法讓你更容易感到快樂，但如果他們讓你大失所望，你就該換個人來當榜樣了。

專注聆聽

我上初中和高中的時候，努力想搞清楚我是什麼樣的人，也試著接受我的病。我不明白為什麼沒有男生喜歡我，也認識到現實世界的苦澀真相，還有其他無以計數讓我覺得世界末日彷彿到來的事情。我需要找人談談，但更重要的是，我需要他人認真對待。現在回想起來，我對某些事情可能有點反應過度，但那個時候我不需要別人來告訴我這一點。有時候，你只需要有人能夠聽你把話說完；有時候，你只需要敞開心胸、專注聆聽，不要發表任何意見。

輕鬆自在

我和爸媽經常交談，我們聊得最盡興的時候，並不是我像犯人般被他們審問的時候。我們通常很自然地就在車上聊起來了，可能是正要去某個地方或是在去餐廳的路上，反正就是在我可以暢所欲言、沒人會注意我的地方，一個我覺得安全的地方。正經八百地叫我坐下來，然後說「我們來談談你的感受吧」，我可不吃這一套。這也有點咄咄逼人。作為一個善於聆聽的人，就是要讓人按照他們想要的方式來到你的身邊。

支持打氣

我的意思並不是你的榜樣應該支持你去做會害你受傷的事情，但如果你有一個似乎有點難達成的夢想或目標，你可以和他談談該如何實現。不要馬上就判斷這行不通。我家裡沒人知道如何走激勵演講兼勵志寫作這條路，但也沒人潑我冷水，不讓我去嘗試看看。

不管我們有多堅強，我們都需要和別人談談。此外，有個好榜樣能夠看齊並聽取他的真知灼見，可以省下我們不少功夫。要勇於開口請別人幫忙或是給意見。如果你不確定是否已經準備好開口了，或者是你不敢讓別人知道你所碰到的事情（我就思前想後、深自檢討了好幾次，才總算做好心理建設，開口和父母說我被霸凌），或者是你想成為別人能夠效法的楷模，但對自己還不夠有自信，那你還有其他的選擇。我選擇禱告。我跟天主說話，有時候我甚至會向天主大聲求救。知道永遠可以對某人訴說（不管我經歷了什麼困難或處於何種境地）大有裨益。如果你對天主的信仰不那麼虔誠，或者你甚至不確定你是否會信仰天主，那也沒關係。

我也發現，當我獨自奮鬥的時候，寫日記也很有幫助。不管你想到什麼事情，都可以寫下來。你可以把你對未來的看法、你的夢想、你的惡夢、你的掙扎，通通寫下來，或者你也可以只把快樂的事情寫下來。

如果寫作對你沒什麼吸引力，也可以聽音樂。當我心情不好，或是收到惡毒的電子郵件或網路留言，我就會聽我自己編排的「好心情組曲」。音樂無法阻止壞事發生，但音樂能夠讓我們更順利地排解壞心情。

檢討反省：

哪些人是你效法的榜樣？可以包括你不曾親見但景仰的人。

你為什麼想向這些人看齊？

如果有人說他把你當榜樣，你希望他從你身上看到哪些優點？

諸事不順的時候，你會做哪些事情讓自己的心情好一點？把這些事情列一張清單，懸掛在你看得到的地方，倒楣的時候就看一看。

☞ 趕快去做吧！

今天要找出時間來感謝曾經鼓勵你選擇快樂的人。不管是用電子郵件、明信片、親筆便箋，還是親自登門或是打電話去道謝。不管那個人是你的父母、師長、朋友、兄弟姊妹、親戚、部落客、某位作者、小孩子或其他人等，都要讓他知道你很感謝他。如果那個人知道你對他有多感激，或許他在日後也能夠選擇快樂。

激勵我的社群媒體

我們也應該彼此關懷，激發愛德，勉勵行善。決不離棄我們的集會，就像一些人所習慣行的，反而應彼此勸勉……

〈希伯來書〉10章24～25節

我對社群媒體有很多糟糕的經驗。事實上，你可以說，是這些糟糕的經驗讓我轉變成真正的我。但我也不希望留給大家一個「網路壞透了」的印象。網路霸凌，以及躲在使用者名稱後面攻擊別人的網路酸民，只是網路上的一小撮人而已。其實你能夠在網路上認識很多很能激勵人的人，在你人生最黑暗的日子裡，能夠協助你選擇快樂，因為他們以前也經歷過非常黑暗的日子。

網路上有非常多人激勵過我，我沒辦法一一列出他們的名字，所以我挑選了其中幾位我最近一直在關注的網友，讓你們看看世上還有其他人也選擇了快樂。

我就是那個女孩

你們或許對艾莉克希絲．瓊斯這個名字有印象，因為她是這本書的序文作者，她非常樂意幫忙我。但她不只是我這本書序文的作者而已。她給我很大的鼓勵。艾莉克希絲創辦了「我就是那個女孩」（I Am That Girl）組織，把自我懷疑轉變為珍愛自己。網路可能是一個黑暗陰鬱的地方（我們已經證實了），但艾莉克希絲和「我是那個女孩」計畫裡的所有人，都在努力讓網路變得一天比一天明亮一些。她們選擇當她們自己，選擇告訴其他女孩就算怪裡怪氣、就算外表「不正常」也沒關係，因為她們選擇了快樂，選擇走出去盡情地冒險。

基於一些相同的理由，這整個計畫也激勵了我選擇快樂。選擇和別人不一樣很困難，尤其是在你根本沒得選擇的時候。我們有些人一生下來就有狀況，一輩子都和別人不一樣。我們的膚色不是我們可以選擇的。在成長階段，社會上是否認為我們漂亮，也不是我們可以選擇的。我們出生的家庭富不富有，也不是我們可以選擇的。生養我們的父母，也不是我們可以選擇的。別人會怎麼看待我們，也不是我們可以選擇的。但我們可以選擇去嘗試和改變我們所不喜歡的事情。我們可以選擇愛我們原本的樣子；可以選擇不要對別人品頭論足、說三道四。我們可以選擇去嘗試並且做出改變。

艾莉克希絲和她的團隊看到問題，她們想要做出改變，而她們也的確找到方法著手改變。我想要效法她們，把我的訊息擴充成一項計畫。我確實規劃了未來要進行某件事情。不管傳播我的訊息是不是很困難，不管演講邀約是不是多到讓我疲於奔命，不管寫書是不是太操勞，不管一一回覆我所收到的電子郵件是不是太辛苦，我都會向艾莉克希絲看齊，尋找方法把看似不可能的任務化為可能。如果我下定決心去做，如果我擬好優先順序、做好規劃，如果我建立我的團隊並做好授權，我就能完成任務。我就是那個女孩。

阿達莉亞．羅絲

阿達莉亞．羅絲．威廉斯（Adalia Rose Williams）讓我覺得很愧疚，因為我曾經選擇不要快樂。阿達莉亞是一名七歲的小女孩，她罹患了「早衰症」（progeria），這是一種會急遽加快衰老過程的罕見疾病。她的生命中充滿了好事，也只有好事。無論何時，當我想提醒自己為什麼選擇快樂如此重要，我只需看看她就好了。這個小女孩是天生的大明星！唱歌、跳舞、打扮樣樣來，還會把快樂散播給每一個看到她的人。

如果我也學她打扮成公主模樣，在我的影音部落格（Vlog）裡唱歌跳舞，可能不會和她一樣有趣，但阿達莉亞所做的一切讓我深受鼓舞。她鼓勵我選擇快樂，因為這個世界上有太多好玩的事了！所以，要是我得的這個病，讓我無法過上沒得這種病所能過的人生。我還是可以對著我的 iPod 唱歌啊；我還是可以和我的朋友一起跳舞啊；任何時候只要我想大啖美食，我都可以大吃特吃而且不用心懷愧疚啊。我可以利用我的病來協助別人選擇快樂。我們之所以選擇快樂，不見得總是為了掃除人生道路上的障礙，或是克服別人惡毒留言帶來的傷害。我們之所以選擇快樂，僅僅是因為我們可以。

我希望我們能夠更像阿達莉亞．羅絲。就只要擁抱生命，愛我們所愛的事物，不用擔心別人會怎麼想。

你們大家！

我之所以選擇快樂，是為了你們大家，也是因為你們大家。不管你們是關注我已久的粉絲，還是從這本書才第一次知道麗姿．維拉斯奎茲的故事，我都是因為你們，才會為我自己選擇快樂。我的父母生下我以後，他們必須做出一個很困難的抉擇。他們大可以選擇為自己感到不幸，向天主哀嚎為什麼要賜給他們和女兒如此艱辛的人生。但他們拒絕這個選項。他們選擇快樂，也教導我如何為我自己做出相同的選擇。我可以每一天都覺得自己很不幸，但這樣我就沒有能力幫助你們了。

有一次，我收到一名粉絲傳來的影音留言。她說她只是觀賞我在ＴＥＤ的演講，就感動得熱淚盈眶。看到我的影片的前幾天，她的表弟自殺了。她說如果她的表弟生前曾經看過我在ＴＥＤ的演講，或許他就會改變心意。她告訴我，我所傳達的訊息非常重要，帶給她非常大的幫助。我還沒看完這段影片，眼淚就已經奪眶而出。或許你會認為，收到像這樣的訊息能夠增強我的自信心，讓我覺得自己是偉大的講師兼作家。但我不是這樣想的。這些訊息只會讓我變得更加謙遜。這些訊息提醒我，我做這件事再也不是為了我自己，而是為了你們大家。

我選擇了快樂，所以我可以幫助別人做出相同的選擇，而我和你們大家的互動（不管是面對面或是網路上的），都能夠激勵我繼續堅持這個選擇。

你也可以鼓勵別人

如果你想要出去鼓舞其他人，不用非得生個什麼病。想要鼓舞人心，沒有資格限制。就只要出去鼓勵別人就好了。有時候，鼓舞他人很容易，就只要為你自己選擇快樂，並且不吝於讓別人知道你很快樂就夠了。有時候，當你為了別人挺身而出、以身作則，這也能夠鼓舞其他人。

我很想要做一件事情，就是鼓勵大家利用社群媒體做出積極正面的改變。我曾經被社群媒體嚴重傷害過，目前也還有很多人在利用社群媒體來抨擊我和其他人，這會讓我們覺得自己很悲慘。我們不可能改變這些人，但我們可以改變我們對他們的回應方式。我希望閱讀本書的所有讀者，都能夠在現實生活中或網路上鼓舞別人。以下提供幾個作法：

持續張貼積極正面的故事

不要傳也不要轉發名人八卦或是別人行為不檢的故事，也不要貼在自己的部落格上。相反地，要傳別人散播快樂或是選擇讓自己快樂的故事。

只留鼓勵打氣的留言

如果你看到留言的地方已經爆發網路論戰，不要加入戰局。如果做得到，就說點好話，如果做不到，那就不要留言。馬上放下你的手機、平板電腦或是電腦，至少五分鐘或者更久，如果你做得到的話。

分享你個人選擇快樂的故事

我知道努力選擇快樂的人不只我一個而已！告訴別人你選擇快樂的故事，讓他們知道他們也能得到喜樂。

檢討反省：

哪些事物能激勵你選擇快樂？

你是為了哪些人選擇快樂？

當你快要放棄的時候，哪些事物能讓你快樂起來？

你可以用哪些方式來鼓勵別人選擇快樂？把這些方式一一列出來。

☞趕快去做吧！

選擇快樂。抽出時間做會讓你感到快樂的事情。本週挑選幾件你在第四題所列的事情來做看看。

結語

我現在過著令人難以置信的美妙人生，我開始走這條人生道路的時候，曾經立下了五個目標：

1. 成為職業激勵講師。
2. 寫書。
3. 從大學畢業。
4. 主導個人的事業發展。
5. 建立自己的家庭。

時至今日，我已經從事將近八年的激勵講師。這本書是我的第三本書。我也已經從大學畢業，不僅拿到傳播學的學位，還輔修英國文學。我的事業也發展到新的階段。至於家庭，目前看來有點遙遙無期。但我仍在繼續努力。

這些目標只是開頭而已，但這些目標讓我走上了自己的人生道路。我接下來的目標更遠大。我已經決定放下「那段影片」繼續往前走，我覺得我已經準備好了。我充分利用這個事件的宣傳效應來散播我的訊息，我成功吸引社會大眾的注意力，這個事件已經達成它的目的了。我再也不需要當「世界最醜女」，或是被貼上世界最醜女的標籤了。我可以用麗姿．維拉斯奎茲的身分，繼續傳播我的訊息。事實上，我明年還要幹幾件轟轟烈烈的大事，那是我這輩子想都想不到的大好機會，我有幸參與……你們必須繼續關注我的動向，看看究竟是哪些大事！

我現在還不確定我到底要傳達哪些訊息。如今，我已經透過我的使命接觸到大批群眾，我不想改變現況，但我的確想要擴大接觸的群眾。我看到未來我將創辦一家公司來支持人們度過難關，所以我也需要一群能夠支持我的人。我喜歡電腦、平面設計、製作網站，我也想要學習這方面的技能，運用相關技能來實現我的使命。

至於我的未來使命，我想那將聚焦在回答以下三大問題上：

何謂快樂？

何謂美貌？

何謂成功？

社會上對這三個名詞下了定義，硬塞給我們，很多人也誤以為那是唯一的定義，我們一定要遵循。我很不以為然。我認為我們可以自己給快樂、美貌、成功下定義。我認為當我們弄清楚我們是誰、哪些事對我們重要之後，我們就應該自己下定義。我們有兩條路可以走：一是接受別人強加在我們身上的標籤，想當然地認定我們就是那副德性；二是把那些標籤丟掉，作我們自己，看看我們能發揮多少潛力。

我很能理解把標籤撕掉有多困難，目前我自己也還在努力中，但我知道第一步是要選擇快樂。如果我們可以把別人貼在我們身上的難聽標籤撕掉（包括伴隨那些標籤而來的懷疑和設限），選擇快樂，用別人的懷疑來激勵自己，用我們的成就來安慰自己，那我們就能夠更快過上快樂、充滿喜樂的生活。我希望你們在這本書裡看到的故事和檢討反省，有助於在人生道路上走得更平順。選擇快樂不是那種只要做到一次就可以從待辦事項中劃掉的事情。那是你每天都要做的選擇。

有些時候你就是快樂不起來。我也碰過那種事。但請千萬不要放棄。千萬不要。

如果你開始質疑怎麼有辦法一直選擇快樂，如果你好像沒有辦法單靠自己快樂起來，那你就要回頭翻翻你在這本書中記下的筆記，看看自己寫下的目標，提醒自己一下，你是為了哪些人選擇快樂，又是為了哪些理由選擇快樂。再翻翻看你筆記中哪幾個人能夠激勵你，去找他們幫忙。去找你的榜樣、朋友、家人和天主幫忙。你並不孤單。你能夠達成很厲害的成就。沒有人有權利阻止你。

即使我從未見過你們本人，但我要你們知道，我會把你們放在心上，每天為你們禱告。我們要一起下定決心選擇快樂！

最誠摯的

麗姿．維拉斯奎茲

求助資源

防治霸凌 stopbullying.gov

如果你是父母或教師，當你在網路上或其他地方看到霸凌，這個網站提供了幾項能夠阻止霸凌越演越烈的作法，也提供了資源協助受害者。此外，這個網站也提供了一些表格，讓你能夠從某些徵兆來分辨霸凌者和被霸凌者，這樣就可以在霸凌還沒發生之前加以阻止。

bullyingpreventioninstitute.org

「海馬克基金會」（Highmark Foundation）提供資源培訓父母和教師如何防治霸凌。該基金會致力於協助解決校園霸凌問題。

pacer.org

這個組織提供資源給父母、教師和學校孩童。他們有一個「我們會世代」（We Will Generation）計畫，培訓學生作為催化劑，改變校園內對待霸凌的態度。

1-800-273-TALK（8255）

「美國自殺防治生命線」（National Suicide Prevention Lifeline）提供全天候、全年無休的電話諮詢服務，如果你開始覺得情況永遠不會好轉了，他們也會把你轉介給離你最近的諮商師。

網路社群與激勵網站

iamthatgirl.com

這個運動鼓勵女孩當真實的自己、愛真實的自己、展現真實的自己。你可以在這個網站找到部落客的文章和影片，幫助你成為「那個女孩」。這個網站有很多激勵人心的網頁，有很多好玩又能激勵人的句子和圖片。如果你想要鼓勵其他人，可以找自己社群的女孩們一起組成一個在網路上和現實生活中分享和交流的小團體。

onebillionrising.org

這個社群要求曾經遭受家暴（不管是肉體上或精神上）的女性受害者走出來

述說自己的故事，讓公平正義得以伸張，並且提升社會上對家暴事件的關注度。你可以看看你住的地區有沒有相關社群。不然自己組織一個！參考這個團體有沒有資源能夠幫助你。

adaliarose.com

我在〈第五章〉裡提過這個小女孩，她的故事對我是很大的激勵。如果你今天需要讓心情好起來的話，那就上她的網站，看看她的人生故事，點幾段她的影片來觀賞。看完後你的心情會變得更好喔！

ted.com

這個網站提供了一千七百多場ＴＥＤ的演講，不管你想要得到哪方面的激勵，你都可以在這個網站上找到。

國家圖書館出版品預行編目資料

快樂是最強大的選擇 / 麗姿.維拉斯奎茲（Lizzie Velasquez）著 ; 陳雅汝譯. -- 初版. -- 臺北市 : 商周, 城邦文化出版 : 家庭傳媒城邦分公司發行, 2016.05
面 ;　　公分

譯自 : Choosing Happiness

ISBN 978-986-477-031-1（平裝）

1.基督徒　2.快樂　3.生活指導

244.98　　　　105008083

快樂是最強大的選擇（Choosing Happiness）

作　　者／麗姿・維拉斯奎茲（Lizzie Velasquez）
譯　　者／陳雅汝

責任編輯／程鳳儀
版　　權／翁靜如、林心紅

行銷業務／莊晏青、何學文
副總編輯／程鳳儀
總 經 理／彭之琬
發 行 人／何飛鵬
法律顧問／台英國際商務法律事務所　羅明通律師
出　　版／商周出版
台北市中山區民生東路二段141號4樓
電話：(02) 2500-7008 傳真：(02) 2500-7759
E-mail：bwp.service@cite.com.tw
Blog：http://bwp25007008.pixnet.net/blog
發　　行／英屬蓋曼群島商家庭傳媒股份有限公司城邦分公司
台北市中山區民生東路二段141號2樓
書虫客服服務專線：(02)2500-7718・(02)2500-7719
24小時傳真服務：(02)2500-1990・(02)2500-1991
服務時間：週一至週五09:30-12:00・13:30-17:00
郵撥帳號：19863813　　戶名：書虫股份有限公司
讀者服務信箱E-mail：service@readingclub.com.tw
歡迎光臨城邦讀書花園　　網址：www.cite.com.tw
香港發行所／城邦（香港）出版集團有限公司
香港灣仔駱克道193號東超商業中心1樓
Email：hkcite@biznetvigator.com
電話：(852)2508-6231　　傳真：(852)2578-9337
馬新發行所／城邦(馬新)出版集團　【Cite (M) Sdn. Bhd.】
41, Jalan Radin Anum, Bandar Baru Sri Petaling,
57000 Kuala Lumpur, Malaysia
電話：(603)90578822　　傳真：(603)90576622
Email：cite@cite.com.my

封面設計／徐璽工作室
印　　刷／韋懋印刷事業有限公司
總 經 銷／聯合發行股份有限公司　電話：(02)2917-8022　　傳真：(02)2911-0053
地址：新北市231新店區寶橋路235巷6弄6號2樓

■ 2016年05月31日初版　　　　Printed in Taiwan
Copyright © 2014, Lizzie Velasquez
All Photos © Lizzie Velasquez
First published in 2014 by Liguori Publications as "Choosing Happiness".
Complex Chinese translation copyright © 2016 by Business Weekly Publications, a division of Cité Publishing Ltd.
This 2016 Edition is published by Business Weekly Publications, a division of Cité Publishing Ltd. under arrangement with Liguori Publications, Liguori, Missouri, USA. www.liguori.org.
All rights reserved

城邦讀書花園
www.cite.com.tw

定價／250元
版權所有・翻印必究 ISBN　978-986-477-031-1